歴史文化ライブラリー

162

関東大震災と戒厳令

松尾章一

吉川弘文館

目次

1　関東大震災八十周年を迎えて

関東大震災八十周年を迎えて――プロローグ

関東大震災の被害規模

一九二三年（大正十二）九月一日午前十一時五十八分、関東地方南部に大地震が発生、規模マグニチュード七・九、震源は相模湾西北部（東経一三九・三度、北緯三五・二度）と計測された。地震は小田原、根府川《ねぶかわ》方面が最も激烈であったが、東京、横浜では地震による火災が加わり甚大な被害を生んだ。東京は三日未明まで燃え続け、下町一帯から山手の一部にかけて全市の三分の二が焼失。本所《ほんじょ》の被服廠《ひふくしょう》跡では火の旋風で一挙に三万八〇〇〇名が焼死。横浜では煉瓦《れんが》造の洋館などが倒壊し多くの圧死者を出し、全市街がほとんど焼失ないし全半壊し、四日まで救援の手が届かなかった。被害は死者九万九三三一名、負傷者一〇万三七三三名、行方不明者四万三七

四六名、全壊家屋一二万八二六六戸、半壊家屋一二万六二三三戸、焼失家屋四四万七一二八戸、流失家屋八六八戸、罹災者約三四〇万名であった。

大天災ではあったが、この震災を利用して今日まで判明しているだけでも六〇〇〇名以上の在日韓国・朝鮮人と七〇〇名以上の在日中国人が虐殺され、亀戸事件・大杉（甘粕《あまかす》）事件といわれる、日本人社会主義者・無政府主義者・共産主義者、労働運動・青年運動の指導者ら総計一二名が殺害された人災でもあった。とくに韓国・朝鮮人、中国人への大虐殺はまったく事実無根の流言蜚語《りゅうげんひご》（「朝鮮人が放火、暴動、井戸に毒を入れた」など）を信じて自警団に組織させられた日本の民衆が軍隊、警察とともに行ったものであった。事件は東京、横浜だけではなく埼玉、千葉、茨城県下でも起こった。今日まで日本の支配者はこの事件の真相を隠蔽しつづけている。このような二度と繰り返してはならない事件が起こされた社会的背景は二つあると考えられる。一つはこの大震災で首都東京の機能が麻痺したため（とくに治安対策面）、内務大臣水野錬太郎《みずのれんたろう》が法的手続きが不十分なまま戒厳令を出させて軍隊を出動させたことである。水野は一九一九年（大正八）三月一日の「三・一朝鮮独立運動」時の朝鮮総督府《そうとくふ》政務総監、警視総監赤池濃《あつし》は同警務局長であった経歴から朝鮮人の報復を極度に警戒したと考えられる。当時、朝鮮半島では日本人が飲料水、食料などに毒を投じて朝鮮人の大量虐殺を行っていたからである。

警察網が麻痺したことから戒厳令下で軍隊に治安維持を委ねたうえに、流言蜚語の発生源も民衆からの自然発生説より支配権力側から出されたという説も無視できない。民衆による自警団は官憲により上から組織されて四日までは虐殺が黙認されていたが、その後は民衆の凶器携帯を禁止し、軍隊、警察による自警団取締りが強化され、最終的には朝鮮人、中国人虐殺の責任は民衆にのみ転嫁されたが、裁判ではほとんどが罪に問われなかった。在日中国人留学生の王希天《おうきてん》虐殺は軍隊によることが明らかにされている。日本人虐殺事件は、亀戸事件は警察、大杉栄《さかえ》・伊藤野枝《のえ》夫妻と甥の橘宗一《むねかず》の扼殺事件は憲兵大尉甘粕正彦《あまかすまさひこ》ら軍人によるものであった。

支配者の狙い

もう一つの社会的背景は、大震災の発生した年の春から三悪法（過激社会運動取締法案、労働組合法案、小作争議調停法案）反対運動が展開されて、当時の労働運動、農民運動、学生運動の大半が結集し、これに在日朝鮮労働者同盟会や学生連合会も参加した。こうした広範な統一戦線運動の組織者の中心に亀戸事件で殺された平沢計七《ひらさわけいしち》ら南葛《なんかつ》労働組合員や日本共産青年同盟初代委員長の川合義虎《かわいよしとら》がいた。また普通選挙法獲得運動にこれまで消極的であった無産運動が積極的に取り組みはじめていた。第一次大戦後の民主主義運動のこのような高揚を震災を利用して、一挙に鎮圧しようという狙いが支配者層にあったと考えられる。この関東大震災を契機にして以後、国家総力戦体制の構築が準備され、日本ファシズム体制への布石となった（小学館『日本歴史大事典』、二〇〇一年、松尾稿参照）。

なぜ朝鮮人・中国人虐殺事件にこだわるか

一九七三年に私は、日朝協会の呼びかけで（当時私が勤務していた法政大学総長渡辺佐平が会長）、関東大震災五十周年朝鮮人犠牲者追悼行事実行委員会に、当時代表委員として所属していた歴史科学協議会から犬丸義一と参加した。これが関東大震災と朝鮮人・中国人虐殺事件の歴史を本格的に研究することになる最初であった。このとき歴史学研究会を代表して当時横浜市立大学教授であった今井清一と横浜在住の在野の歴史研究者で二〇〇二年六月に亡くなった斎藤秀夫、当時歴史教育者協議会の委員長であった故高橋磌一が参加された。高橋がこの実行委員会内の調査委員長として『歴史の真実　関東大震災と朝鮮人虐殺』と題する研究成果を一九七五年九月に私たちの友人であった橋本進が経営していた現代史出版会から刊行してもらった。この本の中で、私は、当時日朝協会東京都連副会長であった鬼頭忠和と共編で第三部「朝鮮人虐殺の歴史資料」を担当した。

一九九三年の七十周年には歴史教育者協議会の加藤文三の呼びかけで、関東大震災七十周年記念行事実行委員会が結成されて私が実行委員長となった。このときの成果のまとめは『この歴史永遠に忘れず』と題して日本経済評論社から一九九四年一月に刊行した。この後、私が監修者となってこの実行委員会の事務局の中心であった坂本昇・田崎公司・大竹米子・平形千恵子・逢坂英明・田中正敬とともに二〇〇〇ページに近い『関東大震災政府陸海軍関係史料』全三冊をまた日本経済評論社から一九九七年一・二月に出版してもらった。この史料集で、私たちは軍隊が虐殺に直接かかわったことを示す決定的な史料（「震災警備ノ為兵器ヲ使用セル事件調査表」）を東京都史料館所蔵の『陸軍震災資料』の中から発見することができ、新聞などで大きな反響を呼んだ。この資料は恐らく軍法会議のために作成されたものだと思う。私たちに公表された直後からこの史料は一般閲覧できなくなった。私はこの史料集全巻の解題「関東大震災史研究の成果と課題」を書き、史料集完成直後に『図書新聞』（一九九七年二月十五日号）のインタビューに応え、この史料集ではじめて私たちが明らかにしたいくつかの重要な問題を紹介した（流言蜚語と不当だった戒厳令、一般民衆では流せないデマ、海軍のかかわりと軍の謀略、殺人が罪に問われない国）。

二〇〇二年の六月、今年（二〇〇三）の九月一日に八十周年を迎えることになったため、私はふたたび実行委員長に推されて活動している。この小著が八十周年を成功させるうえでなんらかの役割を果たすことができればこの上もない幸せである。

以上述べてきたように、私は歴史研究者・教育者として四〇年以上、関東大震災時における朝鮮人・中国人虐殺事件の研究・教育・史料蒐集を行ってきた。

私は一九三〇年に当時日本の植民地であった朝鮮の京城府（現在韓国のソウル市）で生まれた。平壌（現在北朝鮮のピョンヤン）で小学校に入学し、二年生のとき全羅南道の光州に転校した。父が朝鮮貯蓄銀行に勤めていて転勤が多かったからである。この町は、私が生まれた年に朝鮮人の女学生を日本の学生が暴行したことがきっかけとなって、反日民族運動として有名な「光州事件」が起きたところである。その後、平安北道の新義州で小学五年生まで過ごし、太平洋戦争が始まった翌年に中国山東省の青島《チンタオ》日本第一国民学校六年に転校した。青島は第一次世界大戦の時「火事場泥棒」のようにして日本が中国から奪った美しい都市である。一九四三年に青島日本中学校に入学した。同校の三年生の時に日本の敗戦ではじめて見る祖国日本の地に両親・二弟と海外引揚者として帰国した。

このような私の少年時代の体験から朝鮮や中国に対する日本の加害責任の自覚を強く抱

いたことが、関東大震災時の朝鮮人・中国人虐殺事件の研究・教育・史料蒐集に四〇年以上従事してきた最大の理由である。私たち夫婦が結婚して四〇年以上苦心して蒐集したほとんどの蔵書を、今年の四月に中国の上海市図書館に寄贈したのも加害責任への一部を果たすためである。

関東大震災八十周年の世界史的意義

いま私たちは、アジアと世界をとりまくきわめて深刻な非人道的なきびしい状況の中で、今年の九月一日に関東大震災八十周年を迎える。

二〇〇一年九月十一日、アメリカのニューヨークで起きた同時多発テロ事件以後、世界唯一の超軍事大国であるアメリカのブッシュ政権は、「テロ」報復を口実にして大量無差別虐殺戦争を敢行し、アフガニスタンにおいてまったく罪のない子供・女性や一般民衆の生命・財産・生活を破壊しつづけている。さらにはイラクを「悪の枢軸」と一方的にきめつけて先制攻撃戦略を公言して新たな「核態勢見直し」を発表し、三月二十日に米英は、イラクへの戦争を国際法と国連憲章を一方的にふみにじって強行した。このようなアメリカに対抗するために、イスラムの教義に殉じた「聖戦」（ジハード）に参加する無差別「自爆テロ」が繰り返されたが、四月九日には首都バクダットが米英両軍の制圧下におかれ、サダム・フセイン政権は崩壊した。

アメリカの大量殺りく兵器によって、イラク国内の人命と国土の破壊は甚大で、米英の軍事占領下ではイラク人のためのイラク人による民主的国家の復興は、前途多事多難であろう。

一方、国内に目を転じると、日本の小泉政権は、このアメリカの報復戦争にまったく無批判に追従し、日本国憲法第九条をかなぐり捨てて自衛隊の海外出兵を強行した。さらにアメリカ軍の軍事行動にいつでも参加できる戦争国家体制を完成させるための有事法制三法案（とくに武力攻撃事態法）を昨年の国会で成立させようとしたが、国民の猛反対で実現できなかったが、今国会で六月、日本共産党と社会民主党の反対のみで、野党である民主党の協力をえて政府与党の九割近い賛成でついに成立させた。

小泉内閣は、靖国神社参拝や教科書問題などに象徴されるように、近隣のアジア諸国からの批判に真剣に耳を傾けようとはせずに、過去の日本帝国主義のアジア侵略戦争への誠実な反省がまったくみられない。このような政治的環境の下で『新しい歴史教科書をつくる会』に代表される歴史修正主義者の策動はいぜんとして続いている。石原慎太郎東京都知事の「第三国人」発言（二〇〇〇年四月）や昨年（二〇〇二年）九月の小泉首相の北朝鮮訪問報道の際の北朝鮮との戦争発言なども看過することはできない。

このような憂うべき状況の中で、小泉内閣の下で新たな国家総動員体制が着々とおしすすめられていることにたいして、私は深刻な危惧をいだいている。

日本人のアジア認識

明治維新以後の日本人のアジア民族認識が差別と蔑視の意識に貫かれている結果、アジア・太平洋戦争におけるいわゆる軍「慰安婦」問題・「強制連行労働」問題等々の対応に顕著に現れているように、日本国家と民衆の戦争責任・加害責任にたいする自覚と反省は決定的に欠如している。たとえば、二〇〇二年八月十五日の『読売新聞』の「歴史をすなおに見直したい」という見出しの社説がそのよい例である。この内容は、第二次世界大戦はアジア諸国への侵略戦争ではなく、欧米諸国（米英蘭）の領土への侵攻である。「東京裁判史観」にとらわれている人々は、「日本一国性悪説」的な自虐史観に陥ってしまっている。戦没者追悼（靖国神社参拝）は、それらを再確認することに意義がある、と結んでいる。

このような議論が今日ますます多くなっているのは、なぜなのだろうか。それは戦後の日本人が家庭・学校・社会における教育の中で、人間性・正義・真実・理想・モラルなどといった、人間が社会的に生存していく上で、最も大切なことがらを真剣に考えてこなかったからではないだろうか。今日の日本の政治・経済・社会・思想・文化などのあらゆる分野において、このような憂うべき危機的状況は、もはや回復不可能なまで深刻に拡大しているのが現代社会であると、私は断言せざるをえない。

日韓会議反対運動（一九六二〜六三年）頃から、日本人の朝鮮認識への思想的意味の反省がはじまり、朝鮮問題に関する戦後民主主義思想の弱点が指摘されるようになった。中国にたいする蔑視感情が形成される歴史の過程と、朝鮮のそれとの間に大きな時間的ズレがみられる。朝鮮民族にたいする蔑視がテコとなって、中国民族への軽侮《けいぶ》の感情がつくり出されているのではないかという指摘もある。

今とくに必要なこと

以上、述べてきたような日本と世界史の現状のなかで、関東大震災で軍隊・警察そして日本民衆が起こしたまったく罪のない在日韓国・朝鮮民衆を六〇〇〇名以上、在日中国人七〇〇名以上を虐殺した事件から八〇年目を私たち日本人はどのように迎えるべきなのだろうか。

日本現代史からみてこの関東大震災を画期として、とくに中国や朝鮮民衆の反帝国主義とくに反日・民族独立運動を敵視し、全面的な中国大陸への日本帝国主義の侵略戦争遂行の国策を成功させるための国家総力戦国家体制づくりが強力にすすめられた。前述したように、私には現在の日本の状況は、この時代の歴史と非常に似ているように思えてならない。ふたたびこのようないまわしい歴史をぜったいに再現させてはならない。そのためには、この歴史を正しく学習して、日本のすべての国民の共通の歴史認識にするための歴史普及運動を活発に展開することが必要である。これを加害者である日本人だけの運動ですすめるのではなくて、被害者である韓国・朝鮮・中国の民衆や知識人との国際的連帯運動として成功させたい。本年の関東大震災八十周年を画期として、日本・韓国・朝鮮・中国の民衆と歴史研究者の共同で真実の歴史教科書の作成が実現されることを私は心から願っている。七十周年の時点よりも現在は、有利な条件があるように私は思っている。その理由のいくつかをあげてみる。

① 千葉と横浜在住の在日韓国人から人権救済申し立てが日本弁護士会連合会会長と日本政府に出されたため、日弁連事務局人権部会（委員長・村越進）内に関東大震災事件委員会（委員長・梓澤和幸）が設置され活動がはじまっている。

② 千葉県八千代市高津なぎの原の共有地に埋められたままになっていた関東大震災時に殺害された朝鮮人遺骨の発掘が実現した。

③ 助けてくれた日本人への感謝の碑が在日韓国人遺族（鄭宗碩）によって東京都内墨

田区東向島の真田家の菩提寺である法泉寺に建立された。

④　香川県の出稼ぎ日本人（被差別部落民）が千葉県で朝鮮人と間違われて殺害された事件（「福田村事件」（「福田村事件の真相」調査会編『福田村事件の真相』第一・二集、同調査会、二〇〇一年三月・二〇〇二年三月参照））の遺族らの真相調査運動がすすめられている。

⑤　震災時の朝鮮人連行や虐殺画が数多く発見されてきている。

まもなく迎える私たちの関東大震災八十周年運動は、二十一世紀を「人類の非戦の時代・地方自治の時代」の新しい歴史の開幕に貢献することは間違いないと、私は確信している。

戒厳令下の軍隊

本章では、関東戒厳司令部が作成した『震災以来十月二十日ニ至ル関東戒厳地域内警備ノ状況』を紹介する。史料の内容をそこなわないようにできるだけ忠実に現代文に訳し、（　）内に師団長・聯隊長名や戒厳令条文などを補足した。関東戒厳司令部から発表されたものなので、当然のことながら軍隊の功績を賞賛している書き方となっている点を十分にふまえて読まれるとよい。

戒厳司令部設置前の状況

九月一日

九月一日、災害が起ると東京衛戍《えいじゅ》司令官代理・陸軍中将石光真臣《いしみつまおみ》第一師団長は、直ちに近衛師団（師団長・騎兵陸軍中将森岡守成《もりしげ》・東京）と第一師団に警備区域を指示して全都の警備に当たらしめ、とくに皇居・宮邸・諸官庁・大公使館・刑務所等に兵力を配置し、かつ火災のため危険な方面に救援隊を派遣した。

しかしながら、震災範囲の拡大は、とうてい在京部隊のみでは処理できなくなったために、陸軍当局は憲兵隊（憲兵司令官・陸軍少将小泉六一）に補助憲兵を増加し、とりあえず陸軍総督・陸軍大将大庭二郎、近衛師団長・騎兵陸軍中将森岡守成および第一師団長・陸軍中将石光真臣の隷下部隊で東京以外に駐屯している部隊を速やかに帝都に招致し、森岡守成東京衛戍司令官の指揮下に編入した。

夜になって火災の延焼がいっそうひどくなって、帝都は火の海と化し、市内の混乱はその極に達した。加えて通信・交通はまったく途絶して四囲の状況は混沌たる有様となった。

陸軍当局は、事態はまことに重大であり、万一民心が動揺して「不逞団《ふていだん》」の乗ずるところとなると、帝都の治安が破壊されることを憂慮した。

九月二日

九月二日、右の状況に対処するために、さらに第十三師団（師団長・陸軍中将井戸川辰三・仙台）と第十四師団（師団長・陸軍中将朝久野《あさくの》勘十郎・宇都宮）の歩兵各二聯隊と第二師団（師団長・陸軍中将長坂研介・仙台）、第八師団（師団長・陸軍中将小野寺重太郎・弘前）、第九師団（師団長・陸軍中将星野庄三郎・金沢）、第十三師団と第十四師団の各工兵大隊にたいして東京への出動命令を発した。また陸軍中将安満欽一航空本部長にたいして、航空諸隊を「区署」して帝都と地方との連絡飛行を行い、諸命令の伝達・災害の通報・罹災《りさい》地範囲および被害程度の確認など、万難を排しての活動を開始させた。

戒厳令第九条と第十四条

同日、東京市および隣接五郡に戒厳令第九条（臨戦地域内に於ては地方行政事務及び司法事務の軍に関係ある事件を限りその他の司令官に管掌の権を委する者とす。故に地方官地方裁判官及び検察官は其《そ》の戒厳の布告若《も》しくは宣告ある時は速かに該司令官に就て其指揮を請ふ可《べ》し）と第十四条（戒厳地境内に於ては司令官左《さ》に記列の諸件を執行するの件を有す但《ただし》其の執行より生ずる損害は要償する事を得ず　第一　集会若くは新聞雑誌広告等の時勢に妨害ありと認むる者を停止する事　第二　軍需に供す可き民有の諸物品を調査し又は時機に依り其輸出を禁止する事　第三　銃砲弾薬兵器火具其他危険に渉《わた》る諸物品を所有する者ある時は之《これ》を検査し時機に依り押収する事　第四　郵信電報を開緘《かいかん》し出入の船舶及諸物品を検査し並《ならび》に陸海通路を停止する事　第五　戦状に依り止むを得ざる場合に於ては人民の動産不動産を破壊燬焼《きしょう》する事　第六　合囲《ごうい》地域内に於ては昼夜の別なく人民の家屋建造物船舶中に立入り検察する事　第七　合囲地境内《けいだい》に寄宿する者ある時は時機に依り其地を退去せしむる事（条令の原文はカタカナ―松尾注）を適用し、東京衛戍司令官は戒厳司令官の職を兼任した。

「鮮人暴挙」デマ

二日の午後以来、東京付近において「鮮人暴挙」（朝鮮人を「鮮人」と差別用語で呼んでいた―松尾注）の報が各所に起って人心の動揺が甚しかった。とくに東京西南部と船橋方面から「鮮人の大挙襲来」が伝わり、その混乱状態は言葉では表現できないほどであった。しかも、猛火はますますひろがって全東京市を灰燼に帰せんばかりの勢いであった。悽愴《せいそう》の気は天地をおおうばかりであった。飛行機による偵察と連絡によって、横浜の惨状も明らかになり、横浜に官憲・軍隊を派遣してほしいという要求はきわめて切実であった。

当時の東京市の物情もきわめて危険な状態で、在京の兵力も非常に少数であったが、陸軍当局は万難を排して横浜に派兵することに決めた。

二日夜、急遽到着した騎兵第十五聯隊（聯隊長・騎兵大佐丸尾順吉郎、騎兵第二旅団長・陸軍少将福田義彌《よしや》の麾下・習志野）を、人馬を休息させる間もなく横浜へ急行させた。

九月三日

九月三日、さらに歩兵一中隊を駆逐艦で横浜へ派兵して、とりあえずさしせまった事態に対応する処置をとった。同日、戒厳令施行の区域を東京府および神奈川県一円に拡張した（この日、政府は勅令第四百号により前例のない関東戒厳司令部条令を公布し、軍事参事官・陸軍大将福田雅太郎《まさたろう》を関東戒厳司令官に親補した。軍事史学者の大江志乃夫は、「戦時特命の軍司令官要員である軍事参事官を戒厳司令官に任用したことは、隷下の軍隊に戦時気分を高揚させる結果を生みだした」と指摘している〔『戒厳令』岩波新書、一

図1　浅草六区付近の状況

図2　横浜港付近の地割れ

九七八年、一二四ページ〕—松尾注)。

福田関東戒厳司令官は、その職権で同令第十四条の適用について、つぎのように定めた。

一、警視総監及び関係地方長官 並《ならび》に警察官の施行すべき諸勤務。①時勢に妨害ありと認める集会若《も》しくは新聞雑誌広告の停止。②兵器弾薬等其の他危険に亘《わた》る諸物品の検査押収。③出入の船舶及び諸物品の検査押収。④各要所に検問所を設け通行人の時勢に妨害ありと認める者の出入禁止又は時機に依り水陸の通路停止。⑤昼夜の別なく人民の家屋建造物、船舶中に立入検査。⑥本令施行地域内に寄宿する者に対し時機に依り地境外退去。

二、関係郵便局長及び電信局長は時勢に妨害ありと認める郵便電信を開緘《かいかん》す。

第十四条の拡大解釈

九月一〜三日までの状況は、以上のようであった。また大江によれば、右に定めた一の第四項までと二は、臨戦令下の人権制限条項のパラフレーズであるかのようであるが、一の第二項第三項の「押収」は明らかに福田関東戒厳司令官の恣意的な拡大解釈と考えられ、「検査」の解釈が検疫停船規則に準ずるとする制定趣旨からすれば、可能なのは領地の程度であろう。既述の「大方針」〔前掲『戒厳令』II「軍事立法としての日本の戒厳令」の2〔戒厳令解釈と運用の大方針の成立〕を参照されたい。日露戦争時に戒厳宣告にそなえて作成された「戒厳令実行ニ関スル大方針」を要約すると、フランス合囲法と英米軍法を曲解・拡大解釈して、非常権を無制限にして軍事独裁を樹立するための戒厳令の「秘伝書」「手引書」であると、大江は説明している）による恣意的な拡大解釈である検問所の設置と「時勢に妨害ありと認めるものの出入禁止」を含んでいる。そして、この拡大解釈部分をよりいっそう乱暴なかたちで執行することにより、朝鮮人の大量虐殺や亀戸事件の発端としての、つまり虐殺の前提である抑留・拘留が可能となったのである。いっそう乱暴なかたちで執行ということの意味は、第一に軍隊および司令官の指揮下におかれた警察によって、第二に同時に発せられた関東戒厳司令官告諭が「此際地方諸団体及一般人士モ亦《また》極力自衛協同ノ実ヲ発シテ災害ノ防止ニ努メラレンコトヲ望ム」といい、武装組織による戒厳執行の検問体制の事実上の下部機構に民間の自警団をとりこんだことによって惨事がいっそう拡大されたことを指す、と評している（同上書『戒厳令』一二五〜一二六ページ―松尾注）。さらに大江は、戒厳による軍事的制圧の対象は、まさに「不逞団体」つまり朝鮮人と社会主義者に向けられたとつづける。当時、「不逞鮮人」と「主義者」は同一範疇に属するものとして扱われていたことは、臨時震災救護事務局警備部打合わせの九月三日の決定事項「東京方面に於ける警備事項」中に、「要視察人危険なる朝鮮人其他危険人物の取締に就ては、警察官及憲兵に於て充分の視察警戒を行ふこと」とあることからも知られる、と「デマの元凶」の中で書いている（『戒厳令』、一三一〜一三二ページ）。

次に、戒厳司令部が設置された後の状況について述べる。

戒厳司令部設置後の状況

一般の状況

戒厳地域の拡張

九月三日、横須賀市及び三浦郡に於ては、海軍大将野間口兼雄《のまぐちかねお》横須賀鎮守府司令長官、其の他の地域に於ては、陸軍大将福田雅太郎関東戒厳司令官が鎮守警備の任についた。

陸軍当局は、戒厳地域の拡張に伴って同日（四日には関東戒厳地域を千葉・埼玉両県下に拡張）から五日にわたり、第二・第八・第九師団の歩兵各二聯隊と第五師団（師団長・歩兵中将岸本鹿太郎、広島）の電信一聯隊、第十五師団（師団長、騎兵中将田中国重、名古屋）

の野戦重砲兵一聯隊、内地全師団（二十個師団）の衛生機関といまだに招致されていない第四・第六師団をのぞく工兵大隊に出動を命じた。これらの諸隊が到着次第関東戒厳地域内にいる全陸軍の軍隊（各兵学校・教導隊を含む）とともに、福田関東戒厳司令官の指揮下に入った。

戒厳司令部の任務

戒厳司令部は、当初、本来の任務である警備の外に、官民に関する救済の業務も並行して行った。これは、震災のために帝都付近のすべての諸機関が一時ほとんど壊滅し、内外の連絡が遮断されたのみならず、各官公庁の震災による被害が甚大で、敏速な活動ができなかった当時の状況のためであった。戦時編成組織をとった軍隊が、官民の救済を行うことは喫緊機宜《きっきんきぎ》の処置であるのみならず、当初は焦眉《しょうび》の急に応ずべき救済の諸施設の警備と密接に関連したからであった。しかしながら官民の救済は、戒厳軍隊の本来の任務ではない（しかしながら以下の点をとくに留意しておくべきである―松尾注）。

幸いに一〇日もたたないうちに軍隊の警備は充実して大きな擾乱《じょうらん》も起らず、応急救済の処置もほぼその目的を達して、さらに新しい施設に移動する時期がきたので、九月十一日以後は一般官民に関する補給・救療・交通・通信等の業務の大部分は、陸軍震災救護委員（九月二日、臨時震災救護事務局が設置され、総裁に臨時首相内田康哉《こうさい》、副総裁に内務大臣水野錬太郎が就任。翌三日、内閣書記官長長谷川赳夫《たけお》ほか三三名が委員となり、陸軍からは陸軍省軍務局長畑英太郎、同経理局長田中政、同医務局長山田弘綸《ひろみち》が就任）の管掌に移して、戒厳司令部は主として警備に専任することになった。

警備兵力の減少

震災直後は、「流言蜚語」に起因して「多少の騒擾《そうじょう》」が惹起されたが（大虐殺事件にたいする軍部の認識はこのようであった―松尾注）、一〇日もたたないうちに各地の民心の不安はほぼ一掃されて一般の状況は次第に安定し、日がたつにつれて秩序回復に向かっていった。このために、警備軍隊は九月中旬以来直接警備に当たっている兵力を減少して、その主力を集結して警備の持久に備えた。

九月下旬以後、一般の状況は益々平静になってきたので、戒厳軍隊の一部兵力の撤去を行ったが、民心はなんの動揺もなく治安は維持された。しかしながら、官民一般の心理状態は、戒厳地域内の安寧は軍隊の警備によるためであると非常に厚い信頼を寄せ、軍隊の存在と戒厳令施行期間が一日も長いことを切望している者が非常に多かった。

軍隊使用の状況

1　兵力分散配置の時期（九月三日〜十二日）

四 戒厳地域の軍隊配置

九月三日正午、関東戒厳司令官は命令を下し、戒厳地域を東京北部・同南部・神奈川・小田原の四警備地区に分けて、左の如く軍隊を配置し、各地区の警備司令官に担当地区内の治安維持の責任を一任して、地方官憲と協力して罹災民の救恤《きゅうじゅつ》と保護に従事させた。

(1)　東京北部警備部隊

イ、警備地域　東京市北半部、甲武線（中央線の旧称）と青梅線を含む以北の東京府。

ロ、警備部隊（司令官・近衛師団長森岡中将）　近衛師団（交通兵諸隊及び航空部隊を除く）、歩兵学校教導聯隊、歩兵第六十六聯隊（東京市役所編『東京震災録』前輯には司令官石光中将麾下の歩兵第二十八旅団とある）。

(2)　東京南部警備部隊

イ、警備地域　東京市南半部、甲武線と青梅線を含まぬ以南の東京府。

ロ、警備部隊（司令官・第一師団長石光中将）　第一師団（横浜派遣の歩兵第一聯隊の一中隊、騎兵第十五聯隊、歩兵第四十九聯隊（第一師団）、歩兵第五十七聯隊（同上）の自動車隊）、歩兵第二十八旅団司令部（旅団長・陸軍少将川村尚武《なおたけ》）、歩兵第十五聯隊（聯隊長・陸軍大佐山口十八。第十四師団・宇都宮）、騎兵学校教導隊、野戦砲兵学校教導隊。

(3)　神奈川警備部隊

イ、警備区域　相模川以東の神奈川県（横須賀、三浦郡を除く）

ロ、警備部隊（司令官・歩兵第四旅団長陸軍少将斎藤恒蔵《つねぞう》。のちに歩兵第二旅団長陸軍少将奥平俊蔵《としぞう》に交替）　歩兵第二旅団司令部、歩兵第一聯隊の一中隊、歩兵第五十七聯隊、騎兵第十五聯隊、工兵第十四大隊。

(4)　小田原警備部隊

イ、警備区域　相模川以西の神奈川県。

ロ、警備部隊（この諸隊は戒厳司令官の直轄）　第十五師団派遣の部隊。

東京北・南の両警備部隊は、三日にすでにほとんどその配置についた。

神奈川県警備部隊は、三日に横浜に到着していた第十五聯隊と歩兵第一聯隊の一中隊を除いて、三日夜、一部は駆逐艦《くちくかん》で、主力は徒歩行軍で東京を出発して横浜に向かい、四日の早朝には逐次《ちくじ》横浜付近に到着し、同日正午頃には配備についた。

八王子・鎌倉・高座郡の警備

戒厳司令官は、三日夜、さらに命令を下して、当時演習地より甲府屯営に帰営中であった歩兵第四十九聯隊の一大隊を八王子の警備に任じ、主力（二大隊）を神奈川県警備司令官（第四旅団長・陸軍少将斎藤恒蔵。のちに陸軍少将奥平俊蔵に交替）の指揮下に属せしめて藤沢と鎌倉方面の警備に任ぜしめた。この聯隊は、五日の午後一時頃に八王子に到着、その一部は同地の警備につき、その主力は六日夕方までに鎌倉、高座郡の警備についた。

九月四日、士官学校生徒は戒厳司令官の指揮下に入り、これまでの軍隊と交替して東京の各官邸と各国大公使館の警備についた。

流言蜚語の波及

以上、軍隊の警備が充実するにともない、戒厳地域内の状態は、民心はようやく沈静したが、流言蜚語《りゅうげんひご》による「鮮人問題」の騒擾は逐次中山道方面にまで波及した。したがってこの方面の民心の動揺は甚だしく、警察の治安力だけでは秩序紊乱《びんらん》の兆があるために、戒厳司令官は四日午後に参謀を浦和に派遣し、とりあえず東北本線で鉄道輸送中の歩兵第三十二聯隊（第三十一聯隊の誤りであろう―松尾注。第三十一聯隊の師団長は小野寺重太郎・仙台）第二大隊を浦和に下車させて、この方面の治安に当たらせた。この部隊は五日午前十時に浦和に到着したために、四日夜から五日にわたって熊谷、本庄付近で発生した「鮮人傷害事件」を直接鎮圧できなかったが、その後は権威を失墜した警察力の後援となって人心鎮静のために大いに貢献した。

「鮮人問題」騒擾の波及　この「鮮人問題」の騒擾は、さらに群馬・埼玉両県下に波及し、とくに群馬県下に於ては「鮮人」の取扱いに関して警察と人民との間で騒乱が生じて事態容易ならざるため、朝久野勘十郎第十四師団長は、山岡国利《くにとし》群馬県知事の要請により、九月七日に前橋・藤岡方面に歩兵約三中隊を派遣して、この鎮撫《ちんぶ》に当たらせた。同日、戒厳司令官は、戒厳令地域が千葉・埼玉両県下に拡張されたことと、兵力の増加により、さらに中山道・千葉県・藤沢方面の三警備地区（中山道方面は最初は憲兵のみ。千葉県警備司令官は騎兵第一旅団・騎兵少将小畑豊之助。藤沢方面警備司令官は歩兵第一旅団長・陸軍少将松井兵三郎）を設置した。第九師団より派遣された陸軍少将林智徳《とものり》歩兵第六旅団長の指揮する歩兵第七聯隊（第九師団麾下・金沢）をもって中山道方面の残留部隊を指揮して千葉県方面の警備に当たらせた。また騎兵第二旅団長・陸軍騎兵少将福田義彌《よしや》は、近衛師団長の隷下を脱した歩兵学校教導聯隊と千葉県下にいた諸隊の残留部隊を指揮して千葉県方面の警備に当たらせた。さらにまた松井兵三郎歩兵第一旅団長は、歩兵第四十九聯隊と騎兵第十五聯隊の一中隊、工兵第十六大隊、大十六師団（師団長・陸軍少将山田良之助、京都）の通信班を指揮して藤沢方面の警備に当たらせた。

第十五師団長独断出動

これ以前に、第十五師団長・騎兵中将田中国重《くにしげ》は、中央部の指令がくる前に独断で同師団管内の被害地の救済のために、九月二日の夕方から逐次部隊の出動を命じて、三日朝から小田原方面に到着して警備と救恤《きゅうじゅつ》についた。六日夕方までに歩兵三大隊と救恤機関は、平塚・大磯・国府津・小田原・松田・総領（現松田町の一部）・箱根町などに配置され、同師団の工兵大隊は、沼津以東、東海道の電信線の復旧作業、また三島重砲旅団は、箱根山道の修復に従事などした。

出動部隊の兵力

地方への出動部隊は、ほとんどが九月十日までに戒厳司令官の隷下に入り、それぞれの任務配置についた。その兵力は、東京の部隊を合わせておよそ東京憲兵隊（震災当日、隊長・陸軍大佐小山介蔵。九月二十日に陸軍少将柴山重一に交替）、歩兵五十九大隊、騎兵六聯隊、砲兵六聯隊ほか騎砲兵一大隊、工兵十七大隊、鉄道二聯隊、電信二聯隊、航空一大隊、気球一隊、自動車一隊、各師団の衛生機関（衛生隊と救護班）、各学校教導隊と生徒隊で、その人員は約五万二〇〇〇人、馬九七〇〇頭であった。

2　兵力集結の時期（九月十三日〜二十日）

兵力分散配置の弱点　以上の軍隊配置は、当初は極度に不安、動揺した民心を安定させることに主眼をおいて広く兵力を分散して配置し、いたるところに軍隊が到着したという考えを人民にもたせることに努めた。しかし、とくに左記の地点には相当な兵力を確実に警備して思いがけない事態に備えた。

(1)　交通・通信機関と国家生存上と時局救済上でとくに警備を要する物件構築物と集積場。

(2)　官公署もしくは官有・公有またはこれに準ずる重要物件、皇族邸と戒厳地域内における外国公館とこれに準ずるもの。

(3)　個人の所有に属し、震災後社会公益上とくに警備を必要と認める場所。

以上のような分散配置は、軍隊の疲労が大で警備の持久には適しない。一方、戒厳地域内での一般民衆の状況は、九月中旬以後は警備・救恤に関する諸施設の充実に伴い、民心がしだいに安定するにしたがって、戒厳司令官は、漸進的手段により警備の実行を地方機関に移し、戒厳令撤廃後の騒乱を予防する方針を定めた。

九月十三日以後の警備

九月十三日、戒厳司令官は警備軍隊にたいして、今後の警備実行に関し、左の要領によることを命令するとともに、政府・各省・府中その他の関係機関にたいして、その要旨をつぎのように通報した。

(1) 各警備隊司令官は、民心の安定にともなって警察力と公衆の自衛観念の復興を促進すること。

(2) 各警備部隊は、民心の沈静と秩序の回復の状態に順応して、逐次兵力による個々の物件の直接警備を減少し、小地区毎に兵力を集結して頻繁の巡察による警備を持続する。

(3) 各警備部隊司令官は、状況に適応し左の物件にたいする直接警備を、左記の順序で撤兵することができる。
①社会公益に関係ある個人の所有に属する物件。
②官公署もしくは官有またはこれに準ずる重要物件。皇族邸と戒厳地域内の外国公館とこれに準ずるもの。

(4) 左記の物件場所の警備の撤兵は、戒厳司令官の命令による。
①交通・通信機関と国家生存上と時局救済上とくに重要なる物件。

②爆発物その他危険のおそれのある物品を格納せる場所でとくに警備を要するもの。
③避難外国人集合所と「鮮人」収容所等。ただし銀行は開業当日は直接警護を原則とし、その他の日と焼け跡の金庫は銀行がみずから警護し、所在軍隊はその請求により巡察をもって援助す。

兵力の集団配置と緊縮

九月十四日、陸軍士官学校生徒隊は戒厳司令官の指揮を離れ、各警備部隊もほぼ九月十七日頃から地方警察その他の関係諸機関と密接な連繫の下に従来の分散配置より逐次集団配置となる。各警備隊は、九月二十日頃にはほぼ半分の兵力を各小地区毎に集結させた。

軍隊配備の緊縮にともない、地方に及ぼす影響に関してはとくに注意を怠らなかった。地方一般民衆の情勢は、このためなんら異常もなく、秩序は日を追って良好な状態になっていった。

3　第一次・第二次撤兵時期（九月二十一日〜十月）

戒厳地域の平静化と原隊復帰

九月下旬に入ると、戒厳地域内は平静となり、警備上で特記すべき事件がなくなった。したがって軍隊の配置は、各警備地区内における兵力をますます集結させて、個々物件の直接配兵を避ける方針をとった。

九月中旬には、軍隊の配置・撤去に関して戒厳司令官の別命を受ける規定となっていた物件の警護も、当該警備部隊司令官が状況に応じて、物件の管理責任者と協議の上で適宜処理することができるようにした。

九月二十二日の通達

九月二十二日、救護物件の警護の要領と保護・管理の責任を明確にするために、左のように規定して関係諸官公庁に通達した。

(1) すべての物件の保管・管理は、集積者自身が担任し、これに必要な監視者を配置すること。

(2) 軍隊の警戒は、暴力をもって損害を加える者に対して、当該物件の監視者を援助することを本旨とする。

九月下旬には、戒厳地域内の一般民衆の平静を見きわめ、第十四師団派遣の歩兵六大隊と各兵学校教導隊は、逐次戒厳司令官の指揮を離れて原所属に復帰した。

さらにこの撤兵の結果、民心になんらの動揺をみなかったので、さらに十月上旬頃には第二・第十三師団派遣の歩兵各六大隊を逐次撤兵させた。

工兵隊と衛生隊

十月上旬、工兵諸隊は、震災以来道路・橋梁の補修・架設、水路の清浄、建築物爆破等の各種作業に従事し、一般官民のために直接に至大の貢献を行ってきたが、地方各機関の復興にともなって、第七・第八・第九・第十一・第十六師団の工兵大隊は、戒厳司令官の指揮を離れて原隊に復帰した。また、地方各師団派遣の衛生機関の一部は、すでに九月中旬末に撤退したものもあったが、十月上旬に入って地方の衛生機関を開放するところが頻出したため、陸軍衛生機関は逐次業務をこれに引き継ぎ、同月上旬にはその全部が戒厳司令官の指揮と陸軍震災救護委員長の区署を離れて原隊に復帰した。

4　増加憲兵配置の時期（十月十二日〜二十日）

憲兵の増加と兵力の原隊復帰

地方派遣師団の撤兵にともない地方警察力を補うために、九月下旬以来増加整備中であった憲兵約二〇〇〇人と補助憲兵約一七〇〇人は、十月中旬に憲兵司令官柴山重一少将の隷下に入り、在京の兵力と合わせて約二五〇〇人が配置された。憲兵の増加配置と民情の安静を考えて、中山道方面の警備部隊は十月中旬には全部撤去した。

工兵大隊の諸作業の終了にともなって、第二・第五・第十・第十二・第十三・第十四・第十五・第十七師団の工兵八大隊は、十月中旬には戒厳司令官の指揮を離れて原隊に復帰した。かくして十月二十日における関東戒厳司令官指揮下の兵力は、九月中旬の兵力とくらべて、歩兵十八大隊・諸学校教導団生徒・工兵十三大隊と地方師団派遣の衛生機関の全部が減少し、指揮下の諸団体の人馬総数は人三万六〇〇〇人、馬約七五〇〇頭であった。

行政・司法に関して戒厳司令官の処理した事項

自警団への要請

九月三日、戒厳司令官は、警視総監（震災当日は赤池濃、九月五日に湯浅倉平と交替）・関係地方長官・警察官・郵便局長・電化局長に対して、戒厳令第九・第十四条の施行方法に関して命令を下し、地方諸団体と一般民衆に対して、極力自衛協同の実を発揮して災害の波及を押さえることに努力し、「不逞団」蜂起の事実を誇大に流言して紛乱を招き、あるいは糧水欠乏のために不穏・破廉恥の行為に出て秩序を紊乱《びんらん》するなどのないよう訓示した。

九月五日、戒厳令施行地域の拡張にともない、千葉・埼玉両県における関係官庁（震災当日の千葉県知事は斎藤守圀《もりくに》、埼玉県知事は堀内秀太郎）と両市民に対して右と同様の命令と諭示を発した。

地方自警団体の活動は、各地で大きく評価すべきものがあった。よく官憲の力及ばないところを補って警備・救恤に貢献した。しかしながら、各種の自警団が続出するに及んで、武器・凶器を携帯してみだりに通行人を誰何《すいか》検問して凶暴になり、公安を害する弊害が少なくなかった。一方では、地方派遣師団の到着にともない軍隊の警備が充実したので、九月四日、地方自警団と一般市民に対して左の命令を発した。

自警団と一般市民への命令

①自警に当たる団体または個人は、あらかじめ最寄りの警備部隊・憲兵または警察官に届け出てその指示を受けよ。

②通行人に対する誰何検問は、軍隊・憲兵および警察官に限ってこれを行うものとす。

③軍隊・憲兵または警察官憲から許可がなければ武器の携帯を許さない。

九月中旬以来地方の状態は、ようやく沈静した。軍隊は警備の持続に適するため、しだいに兵力を集結するにいたった時は、自警団の指導と取締りの実施は警察に任せることにした（九月四日以後、自警団は官憲の強力な統制下に組み込まれはじめた。大江は『戒厳令』で「一定の軌道修正つまり責任のがれの意味もあったのであろう」と述べている。一三六ページ）。

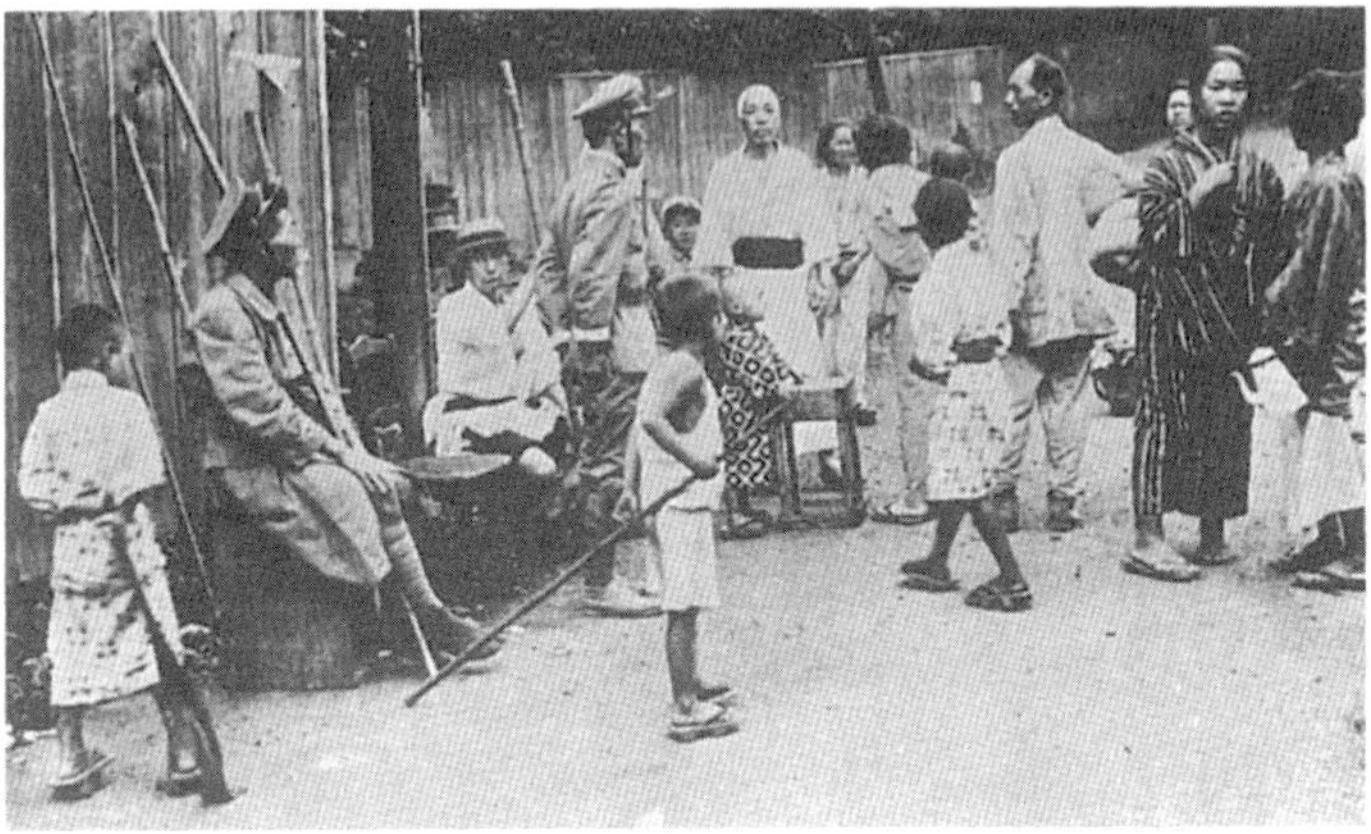

図3　自　警　団

自警団への取締り

「事変」(この表現は、戒厳令第一条「戒厳令ハ戦時若クハ事変ニ際シ兵備ヲ以テ全国若クハ一地方ヲ警戒スルノ法トスル」からとられたものである。このことからも軍部は震災を外患または内乱状態と認識していたことは明らかである。その際の対象は、明らかに「不逞鮮人」と「主義者」であった—松尾注)以来流言蜚語が原因となって、民心は極度に興奮して諸事節制を失ったが、この間に一部の「不逞人」がさらにこれを煽動し、官憲とくに警察官または時には軍人・軍隊の権威を害せんとする者があったために、九月六日、戒厳司令官は豊島直通東京控訴院検事長に対して、陸軍刑法第二条(注1)、戒厳令第十一条(注2)に列記の犯罪は迅速厳重に措置すること、また治安警察法(注3)・出版法(注4)等の違反者の検挙をいっそう厳重にすることを要求した。

（1）**陸軍刑法**（明治四十一年四月九日公布、『官報』第七四三三号）

第二条（第一編　総則）

第二条　本法ハ陸軍軍人ニ非スト雖《いえども》左ニ記載シタル罪ヲ犯シタル者ニ之ヲ適用ス

一　第六十四条乃至第六十七条ノ罪及此等ノ罪ノ未遂罪

二　第七十四条ノ罪

三　第七十九条乃至第八十五条ノ罪

四　第八十六条乃至第八十九条ノ罪

五　第九十一条乃至第九十三条ノ罪及第九十一条、第九十二条ノ未遂罪

六　第九十五条第一項、第九十六条、第九十七条第二項及第九十九条ノ罪

第五章　暴行脅迫ノ罪

第六十四条　哨兵ニ対シ暴行又ハ脅迫ヲ為シタル者ハ左ノ区別ニ従テ処断ス

一　敵前ナルトキハ七年以下ノ懲役又ハ禁錮ニ処ス

二　其ノ他ノ場合ナルトキハ四年以下ノ懲役又ハ禁錮ニ処ス

第六十五条　党与《とうよ》シテ前条ノ罪ヲ犯シタル者ハ左ノ区別ニ従テ処断ス

一　敵前ナルトキハ首魁《しゅかい》ハ三年以上ノ有期ノ懲役又ハ禁錮ニ処シ其ノ他ノ者ハ十年以下

ノ懲役又ハ禁錮ニ処ス

第六十六条　哨兵ニ対シ兵器又ハ兇器ヲ用イテ暴行又ハ脅迫ヲ為シタル者ハ左ノ区別ニ従テ処断ス

一　敵前ナルトキハ無期若《もしく》ハ五年以上ノ懲役又ハ禁錮ニ処ス

二　其ノ他ノ場合ナルトキハ一年以上ノ有期ノ懲役又ハ禁錮ニ処ス

第六十七条　党与シテ前条ノ罪ヲ犯シタル者ハ左ノ区別ニ従テ処断ス

一　敵前ナルトキハ首魁ハ死刑又ハ無期ノ懲役若ハ禁錮ニ処シ其ノ他ノ者ハ無期若ハ七年以上ノ懲役又ハ禁錮ニ処ス

二　其ノ他ノ場合ナルトキハ首魁ハ死刑、無期若ハ七年以上ノ懲役又ハ禁錮ニ処シ其ノ他ノ者ハ無期若ハ二年以上ノ懲役又ハ禁錮ニ処ス

第六章　侮辱ノ罪

第七十四条　哨兵ヲ其ノ面前ニ於テ侮辱シタル者ハ二年以下ノ懲役又ハ禁錮ニ処ス

第八章　軍用物損壊ノ罪

第七十九条　陸軍ノ工場、船舶、戦闘ノ用ニ供スル建造物、汽車、電車若ハ橋梁又ハ陸軍ノ軍用ニ供スル物ヲ貯蔵スル倉庫ヲ焼燬《しょうき》シタル者ハ死刑又ハ無期若ハ十年以上ノ懲役ニ処ス

第八十条　露積《ろし》シタル兵器、弾薬、糧食、被服其ノ他陸軍ノ軍用ニ供スル物ヲ焼燬シタル者ハ左ノ区別ニ従テ処断ス
一　戦時、軍中又ハ戒厳地境ナルトキハ死刑又ハ無期懲役ニ処ス
二　其ノ他ノ場合ナルトキハ無期又ハ二年以上ノ懲役ニ処ス
第八十一条　火薬、汽缶其ノ他激発スヘキ物ヲ破裂セシメテ前二条ニ記載シタル物ヲ損壊シタル者ハ焼燬ノ例ニ同シ
第八十二条　第七十九条ニ記載シタル物又ハ陸軍戦闘ノ用ニ供スル鉄道、電線若ハ水陸ノ通路ヲ損壊シ又ハ使用スルコト能ハサルニ至ラシメタル者ハ無期又ハ二年以上ノ懲役ニ処ス
第八十三条　兵器、弾薬、糧食、被服、馬匹其ノ他陸軍ノ軍用ニ供スル物ヲ毀棄又ハ傷害シタル者ハ十年以下ノ懲役又ハ禁錮ニ処ス
第八十四条　第七十九条乃至第八十二条ノ未遂罪ハ之ヲ罰ス
第八十五条　本章ノ規定ハ陸軍ト共同作戦ニ従フ外国陸海軍ノ軍用物ニ対スル行為ニ亦之ヲ適用ス
第九条　掠奪ノ罪
第八十六条　戦地又ハ帝国軍ノ占領地ニ於テ住民ノ財物ヲ掠奪シタル者ハ一年以上ノ有期

懲役ニ処ス
前項ノ罪ヲ犯スニ当リ婦女ヲ強姦シタルトキハ無期又ハ七年以上ノ懲役ニ処ス
第八十七条　戦場ニ於テ戦死者又ハ戦傷病者ノ衣服其ノ他ノ財物ヲ褫奪《ちだつ》シタル者ハ一年以上ノ有期懲役ニ処ス
第八十八条　前二条ノ罪ヲ犯ス者人ヲ傷シタルトキハ無期又ハ七年以上ノ懲役ニ処シ死ニ致シタルトキハ死刑又ハ無期懲役ニ処ス
第八十九条　本章ノ未遂罪ハ之ヲ罰ス

第十章　俘虜《ふりよ》ニ関スル罪

第九十条　俘虜ヲ看守又ハ護送スル者其ノ俘虜ヲ逃走セシメタルトキハ三年以上ノ有期懲役ニ処ス
第九十一条　俘虜ヲ逃走セシメタル者ハ十年以下ノ懲役ニ処ス
俘虜ヲ逃走セシムル目的ヲ以テ器具ヲ給与シ其ノ他逃走ヲ容易ナラシムヘキ行為ヲ為シタル者ハ七年以下ノ懲役ニ処ス
前項ノ目的ヲ以テ暴行又ハ脅迫ヲ為シタル者ハ一年以上十年以下ノ懲役ニ処ス
第九十二条　俘虜ヲ奪取シタル者ハ二年以上ノ有期懲役ニ処ス
第九十三条　逃走シタル俘虜ヲ蔵匿《ぞうとく》シ隠避《いんぴ》セシメタル者ハ五年以下ノ懲役ニ処ス

第九十四条　第九十条乃至第九十二条ノ未遂罪ハ之ヲ罰ス

第十一章　違令ノ罪

第九十五条　哨兵ヲ欺キテ哨所ヲ通過シ又ハ哨兵ノ制止ニ背《そむ》キタル者ハ左ノ区別ニ従テ処断ス

一　敵前ナルトキハ一年以上五年以下ノ禁錮ニ処ス

二　軍中又ハ戒厳地境ナルトキハ三年以下ノ禁錮ニ処ス

三　其ノ他ノ場合ナルトキハ一年以下ノ禁錮ニ処ス

前項ノ外哨兵ニ対シ哨令ヲ犯シタル者亦前項ニ同シ

第九十六条　在郷軍人故《ゆえ》ナク召集ノ期限ニ後レタルトキハ左ノ区別ニ従テ処断ス

一　戦時ニ際シ又ハ事変ノ為召集ヲ受ケタル場合ニ於テ五日ヲ過キタル者ハ二年以下ノ禁錮ニ処ス

二　其ノ他ノ場合ニ於テ十日ヲ過キタル者ハ一年以下ノ禁錮ニ処ス

第九十七条　兵役ヲ免ルル目的ヲ以テ疾病ヲ作為シ、身体ヲ毀傷シ其ノ他詐偽《さぎ》ノ行為ヲ為シタル者ハ三年以下ノ懲役ニ処ス

在郷軍人召集ヲ免ルル目的ヲ以テ前項ノ行為ヲ為シタルトキ亦前項ニ同シ

第九十八条　戦時、軍中又ハ戒厳地境ニ在リテ軍事ニ関スル虚偽ノ命令、通報又ハ報告ヲ

為シタル者ハ五年以下ノ懲役ニ処ス

第九十九条　戦時又ハ事変ニ際シ軍事ニ関シ造言飛語ヲ為シタル者ハ三年以下ノ禁錮ニ処ス

（2）戒厳令第十一条

合囲《ごうい》地境内ニ於テハ軍事ニ係ル民事及ビ左ニ開列スル犯罪ニ係ル者総《すべ》テ軍衙《ぐんが》ニ於テ裁判ス

刑法

第二編　第一章　皇室ニ対スル罪　第二章　国事ニ関スル罪　第三章　静謐《せいひつ》ヲ害スル罪

第四章　信用ヲ害スル罪　第九章　官吏瀆職《とくしょく》ノ罪

第三編　第一章　第一節　謀殺故殺《こさつ》ノ罪　第六節　擅《ほしいまま》ニ人ヲ逮捕監禁スル罪　第七節

脅迫ノ罪　第二章　第三節　強盗ノ罪　第七節　放火失火ノ罪　第八節　決水ノ罪　第九

節　船舶ヲ覆没スルノ罪　第十節　家屋物品ヲ毀壊《きかい》シ動植物ヲ害スル罪

（3）**治安警察法**は、明治三十三年（一九〇〇）三月十日に集会・結社・言論の制限と社会運動の取締法規として公布された。

（4）**出版法**は、明治二十六年（一八九三）四月十四日に出版条例を継承した出版物取締法規として公布された。

入京を厳しく制限

九月七日、帝都に集中する各鉄道は、地方からの上京者で充満して非常な混乱を生じ治安に害あるばかりか、補給・救護の実施を妨げることが少なくなかったため、戒厳司令官は、上京者の入京を各地方において厳しく制限するよう後藤新平内務大臣（震災当日の加藤友三郎内閣の内務大臣水野錬太郎は一九二三年九月二日に成立した第二次山本権兵衛内閣の後藤と交替）に要求した。

レーニン号事件

九月十二日、ウラジオストックのロシア官憲は、東京付近の震災救助を名目として汽船レーニン号を横浜港に入港させた。同船の救護団長は、震災による労働者階級のみを救護すると称して、震災で混乱している地域でさらに階級闘争を惹起せしめるおそれがあるばかりか、同船内に赤化思想宣伝の材料を積載している疑いがあるため、九月十三日、戒厳司令官は同船を戒厳令地域外に退去を命じた。さらに日本政府も同船に対して日本帝国領海の外に退去を命令した。

九月十四日午前、レーニン号は横浜港を出港して日本帝国海軍の監視の下で退去した（カッコ内の文章は、松尾注。『大阪朝日新聞』九月二十二日号には「レーニン号の退去は露国側の失言から　前ロス助手マ氏談」という見出しで、「本船が入港すると同時に日本の将校が来たが、その際手続きが済まぬ内《うち》露国代表が日本労働者に対してのみ食料品を渡すと云った為、日本代表なる将校は労働者のみ局限された救助は拒絶すると云うことになった。之《これ》が第二の誤りで、露国の代表〔共産党員パシフ〕が露国政府の真意を却《かえ》って仇《あだ》にした観がある。露国政府の真意は決して代表者の言の如くでなく、真に人道上からの救護を為すべしとして居るのである。……云々。とレーニン号退去の罪を露国代表側に負わせている口吻《こうふん》である」と書いている。また『大阪毎日新聞』九月二十一日号には、「救済のソビエト船追放は海軍司令部の独断」という記事が載り、同紙の翌二十二日号夕刊には、レーニン号追放に憤慨してロシアにおける日本震災義捐金《ぎえんきん》募集が中止されたという記事もある。レーニン号事件については、松尾監修『関東大震災政府陸海軍関係史料』第Ⅲ巻『海軍関係史料』および波多野勝・飯森明子著『関東大震災と日米関係』〈草思社、一九九九年八月刊〉を参照されるとよい)。

福田司令官の更迭と山梨半造の就任

九月二十日に関東戒厳司令官福田雅太郎が更迭され、後任に前陸相の山梨半造が任命された。大江志乃夫は『戒厳令』の中で、この人事について、「甘粕事件を機に田中〔義一―松尾注〕陸相と対立関係にある福田を解任し、田中とおなじ長閥出身で、陸士・陸大同期の盟友山梨を新関東戒厳司令官に起用したものと思われる。田中陸相、河合操参謀総長、山梨戒厳司令官の同期コンビをかたちつくることにより、統帥に属する戒厳執行に行政の影響力を及ぼすことを可能にしようと考えた人事と解することができる」と述べている（一三九ページ）。

以上、戒厳司令部が設置されてからの状況について述べた。

山梨関東戒厳司令官署名の『震災ト陸軍ノ行動状況』（十月十日稿）にも戒厳令下の陸軍の行動状況が詳細に記述されているが全文は省略し、結語の部分だけを原文のまま（句読点・濁点は松尾が付す）紹介しておこう（全文は、松尾稿「関東大震災の歴史研究の成果と課題」『法政大学多摩論集』第九巻、一九九三年三月掲載。さらに詳細な行動については、松尾監修『関東大震災政府陸海軍関係史料』第I巻、田崎公司・坂本昇編『陸軍関係史料』日本経済評論社、一九九七年二月刊所収の「関東戒厳司令部詳報」を参照してほしい）。

「震災ト陸軍ノ行動状況」の結語

之ヲ要スルニ震災ノ跡ヲ回想スルニ、其《その》被害ノ激甚悲惨ナル古今未曾有ニシテ、帝都五十年ノ文化殆ド灰燼ニ帰シ、警保救恤《きゅうじゅつ》ニ関スル諸機関ノ運転一時全ク停止シ、加フルニ流言飛語（ママ）所在ニ起リテ、民心ノ狂乱其極ニ達シ、当時ノ人士ヲシテ著シク形勢ノ推移ヲ憂慮セシタルニ拘《かかわ》ラズ、幸ニ大ナル擾乱《じょうらん》に陥ルコトナク、旬日《じゅんじつ》ヲ出ズシテ警備救恤ニ関スル施設整備シ、各地ノ民心概《おおむ》ネ安定ニ帰シ、爾来《じらい》日ヲ逐《お》フテ秩序回復ニ赴キツ、アルハ、是一《これいつ》ニ軍民一致協力異常ノ活動ヲ逐（遂）ゲ、自制沈着事ニ処シタルニ因《よ》ルモノニシテ、国家社会ノ為深ク慶賀ニ堪ヘザル処ナリ。

然《しか》リト雖《いえども》仔細《しさい》ニ震災救護ノ跡《あと》ヲ考フルニ、将来ノ為深ク国民ノ銘記猛省セザルベカラザル所多々アリト信ズ。予ハ軍職ニ在ル者トシテ特ニ官公私各機関ニ対シ、組織ノ確立及団体的訓練ヲ一層高調セザランコトヲ提唱シテ止マザルナリ。流言トハ謂《い》ヘ帝都ニ百五十万ノ市民ガ少数不逞ノ徒ノ為一時全ク其度ヲ失ヒテ狂乱ニ陥リタルガ如キ、彼ノ自警団ガ其統制宜《よろ》シクヲ得ズシテ、却《かえっ》テ公安ヲ害スルモノアリシガ如キ、或ハ公安ヲ保持スベキ官公庁ニシテ、被害ノ為メ其職責ノ遂行ヲ欠キタルモノアルガ如キ、何レモ組織及団体的訓練ノ欠陥ニ因ルニアラザルカ。予ハ妄《みだ》リニ宣伝自負ヲ事トスルモノニアラズト雖モ、内外ノ交通連絡全ク遮断シ官公各機関ノ運転殆ド杜絶《とぜつ》シタル時ニ方《あた》リ、我陸軍各機関ガ多クハ命ヲ待ツコトナクシテ起《た》チ、震災当日ヨリ早クモ已《すで》ニ活動ヲ開始シ、啻《ただ》ニ其ノ本来ノ職責タル警備ノミナラズ、一般官民ニ関スル補給救療交通通信等アラユル方面ニ亘《わた》リ、概《おおむ》ネ克《よ》ク応急救済ノ目的ヲ達シ得タルハ、全ク有形無形上ニ於ケル其組織及訓練設備ノ賜《たまもの》ナリト信ズルナリ。

将来ノ戦争ヲ考フルニ大都市ノ空中爆撃ヲ蒙ルベキハ殆ド免《まぬか》ウベカラザルベク、政治経済ノ中心地ニ対スル敵国ノ宣伝思想ノ惑乱ハ益々好妙ヲ極《きわ》ムルベシ。此時《このとき》ニ方リ若《も》シ今次ノ如キ大兵力ヲ注入スルニアラズンバ、帝都ノ公安保持シ能《あた》ハザルガ如キコトアランカ、帝国将来ノ国防真ニ寒心ニ堪ヘズト謂《い》ハザルベカラズ。実ニ各機関ノ組織克《よ》ク確立セラレ、官民全体ヲ通シ統制変ニ処シ得ルノ訓練ヲ完《まっとう》フスベキハ国防上ハ勿論、平時公安上亦忽《ゆるがせ》ニスル能ハズ。今ヤ文化復興ノ機運頗《すこぶ》ル旺《さかん》ナルモノアルニ方《あた》リ、克《よ》ク治《ち》ニ居《い》テ乱ヲ忘レズ、特ニ眼前ノ活教訓ヲ忽《ゆるがせ》ニセザランコトヲ切望シテ已《や》マザルナリ。

更ニ稿ヲ終ルニ臨ミ予ハ戒厳司令官トシテ部下将卒ガ自ラノ家庭ノ安否スラ知ルノ遑《いとま》ナクシテ命令一下直《ただち》ニ出動シ、日夜精励克《よ》ク警備救恤ノ任ヲ完フシ、国民ノ信頼ニ応《こた》ヘタルノ労ヲ多トシテ已《や》マズ。特ニ其妻子眷族《けんぞく》ヲ喪《うしな》ヒ、或ハ家財ヲ焼キテ、尚《なお》克《よ》ク公安ノ為其本務ニ尽粋《（ママ）》セシ将卒ニ対シテハ、真ニ帝国軍人ノ亀鑑《きかん》トシテ衷心《ちゅうしん》ヨリ敬《けい》仰《ぎょう》感謝ノ意ヲ表セントス。

この山梨関東戒厳司令官の結語には、まったく無実の朝鮮人・中国人にたいする大量虐殺を行った軍隊の責任を、警察や自警団に転嫁して反省していないばかりか、かえって軍隊の功績を称えている。甘粕事件を契機に（とくに六歳の橘宗一を憲兵が扼殺したこと）、当時の民間での反軍的世論が高まっていることを意識してのことであろう。さらには関東大震災の教訓を、その後の戦争に備えての国家総動員体制づくりに最大限に生かそうという意図が表明されている。

加害責任を自覚しない政府

『関東大震災政府陸海軍関係史料』第Ⅰ巻『政府・戒厳令史料』に採録した国立公文書館所蔵『大正十二年関東大震災関係書類』（特殊資料第七類　災害関係）の中に、「聖詔ノ御主旨ヲ奉戴シテ」帝都復興審議会を設置するにあたり、大正十二年九月十六日に内閣総理大臣伯爵・海軍大将山本権兵衛《ごんのひょうえ》名の「内閣告諭号外」（案）が入っている。この文章のはじめの部分につぎのように書いてある。

今回ノ震災ハ其ノ区域一府四県ニ跨《また》リ東京ヲ始メトシテ横浜其ノ他湘南房総ノ地特ニ被害ノ劇《はげ》シキモノアリ家屋ヲ焼尽《しょうじん》シ父母骨肉ヲ喪《うしな》ヒタル幾百万ノ災民ハ残壁瓦《が》ノ間ニ佇《たたず》ミテ食フニ糧ナク着ルニ衣ナク焦髪爛身《しょうはつらんしん》命旦夕《たんせき》ニ迫ル者比々《ひび》皆然リ在留外国官民ノ遭難者亦甚《はなはだ》多シ是レ不肖《ふしょう》ノ共ニ心痛已《や》マサル所ナリ此ノ時ニ際シ友邦ノ元首ヲ始メ各国官民ノ今次事変ニ対シ至大ナル救援ノ厚情ヲ表セラレタルハ不肖同胞ト共ニ感謝措《お》ク能《あた》ハス但其夫レ多数罹災民ハ概《おおむ》ネ能《よ》ク危急ヲ冒《おか》シ艱苦ニ耐ヘ沈着ノ態度ヲ失ハサリシモ此ノ間多少ノ常軌ヲ逸《いっ》シタル者アルヲ免カレス此ノ如キハ一時ノ誤解

ニ外《ほか》ナラサリシヲ以テ今ヤ全ク其ノ迹《あと》ヲ絶テリ。

日本国民や在留外国官民にたいする言葉は書かれていても、まったくいわれなく大虐殺された朝鮮人にたいしては、「多少ノ常軌ヲ逸シタル者アルヲ免カレス」と簡単にかたづけられている。「今次事変」と記しているように、在日朝鮮人はすべて「不逞鮮人」と目され、「主義者」（日本人の社会主義者・共産主義者・無政府主義者らのこと）と同様に、戒厳令下の戦時状態の中で国家権力にとって敵と見做されて虫けらのように殺された。この震災に際し、大正天皇の賑恤《しんじゆつ》金《きん》として宮内省は九月三日に一〇〇〇万円を下賜したこと、また摂政（のちの昭和天皇）は、十月一日より従前通りの日課に入っている（月火木金の午前中は学問進講、水土は宮城出仕をとりやめ執務、いずれも赤坂離宮で。毎日昼食後午後二時半頃から四時半頃まで運動）。

軍隊と朝鮮人・中国人虐殺

虐殺数の解明をめぐって

虐殺された人数

まずはじめに、本書の冒頭でこの震災の被害について紹介したが、内務省警保局企画室が作成した『戒厳令ニ関スル研究』（昭和十六年七月、国立公文書館所蔵。松尾監修『関東大震災政府陸海軍関係史料』第Ⅰ巻、平形千恵子・大竹米子編『政府・戒厳令関係史料』所収）には、東京府下の被害数を、罹災世帯数三二万五一三九、全戸数に対する百分比三八・一一％、罹災総人口一三二万四二三四人（内訳、死者六万四二〇人、負傷者三万一〇五一人、行方不明者三万六六三四人、その他の罹災者一一九万六一二九人、総人口に対する百分比三四％）と報告されている。このような大災害にもかかわらず、上の数字でも明らかなように、何人という端数まで記録されていることに私は驚きを感ずると同時に、この時いわれなく無残に虐殺された朝鮮人・中国人の被害者数は、政府関係史料にはまったく記録されず、収容人員数や無事に帰国させたことだけが記述されていることが、私には非常に不思議に思えてならない。この点からも、この虐殺は、軍隊・警察をはじめとする国家権力の計画的犯罪であり、この事実をできるかぎり隠蔽したばかりか、その責任を自警団（民衆）に転嫁したのではなかったのか、と私も思えてならない（山田昭次「関東大震災時、朝鮮人虐殺事件の国家責任とその隠蔽過程」『統一評論』第四〇三〜四〇四号、一九九九年三月〜四月参照）。

人数をめぐる今後の課題

朝鮮人六〇〇〇名以上、中国人七〇〇名以上といわれている虐殺人数は、いずれも被害者側の当時の調査によるものである。したがって加害者の日本人自身による実証的研究は今後の重要な課題である。中国人虐殺者数については、仁木ふみ子による現地調査をふまえての丹念な研究がある（『震災下の中国人虐殺』青木書店、一九九三年刊参照）。朝鮮人数に関しての山田昭次の詳細な研究（「関東大震災時に虐殺された朝鮮人数の諸調査の実証的検討」・付表、私家版、二〇〇〇年九月初版、二〇〇一年十月改訂版）によれば、一九二三年当時、東京と神奈川地域には在日朝鮮人は二、三万人、大阪地方に五、六万人居住していた。朝鮮人数を調査した報告書は二つある。

一つは、当時上海で朝鮮人が発行していた『独立新聞』に六六六一人と報道（一九二三年十二月五日掲載）されているが、実際は特派調査員の韓世復が金希山（承学）に一九二三年十一月二十八日付で送った調査報告である。この報告は戦後韓国で刊行（一九五六年）された愛国同志援護会編『韓国運動独立運動史』に収録されている。その邦訳が姜徳相・琴秉洞編・解説『現代史資料　六　関東大震災と朝鮮人』（一九六三年）で「金承学調査」として紹介された。山田は上述した経緯から「独立新聞社特派調査員調査」と呼ぶべきだと訂正している。また、金承学が来日したという証拠はないとも述べている。もう一つの調査報告書は、在日関東地方罹災朝鮮同胞慰問班の調査報告である。この報告書は戦前には発表できなかった。当時東京帝国大学教授であった吉野作造が慰問班の一員から一九二三年十月までの調査結果を聞いて、『大正大震火災誌』（改造社、一九二四年）に論説「朝鮮人虐殺事件」を寄稿したが、内務省から発禁処分をうけた（この吉野論説は前掲姜徳相・琴秉洞編『現代史資料　六　関東大震災と朝鮮人』に収録されてはじめて公開された）。この原稿は現在東京大学法学部所属の明治新聞雑誌文庫に所蔵されている。この慰問班による調査報告書は、戦後になって韓国で震災当時東京の朝鮮基督教青年会総務であった崔承万が『新東亜』一九七〇年二・三月号に執筆した「関東大震災と韓国人」で紹介された。崔が発表した慰問班の調査では、虐殺数は二六一三人であったが、実際は五〇〇〇人と崔はその後の論文で訂正している。

震災当時、内務省内鮮高等係の報告によると、「在京せし鮮人《(ママ)》の数は詳細に其状況を知り得るもの六千五百なりしも、元来朝鮮人は極めて移動性に富む民族にして前記の外尚五六千の鮮人在京せしものと認められ、合計一万人以上は管下全市及接属郡部に分布し居たるものなり」（『自警』大震火災記念号、一九二三年第五巻第五十一号、自警会発行、一八ページ）と書かれているように、当時朝鮮人は東京府・郡部に一万人以上いたといわれる。また、中国人については、京浜地域に六三三〇名が居住し、その大多数は労働者と行商人である（東京市役所編『東京震災録』前輯、一九二六年刊、七ページ）とも記されている。こうした数字から推測して、朝鮮人六〇〇〇名以上、中国人約七〇〇〇名以上も虐殺されたといわれていることを疑問視する人々がいることは当然であろう。

また第Ⅱ巻『陸軍関係史料』に収録した陸軍省の報告などには、習志野廠舎《しょうしゃ》に収容保護している朝鮮人数三〇七〇名（九月二十六日）、金丸ヶ原廠舎《しょうしゃ》に朝鮮人五〇〇名、中国人・朝鮮人約一六〇〇名、朝鮮人約三二〇〇名中（この行の意味不明―松尾注）、中国人はその一部を解放するほか、大部分は本国に送還し、朝鮮人はその一部を解放せるほか、大部分は青山収容所（朝鮮総督府出張所所管）に転送し、十月二十四日迄に中国人・朝鮮人全部の移送を完了した（十月二十六日）などの断片的な報道が散見される。また第Ⅲ巻『海軍関係史料』に収録した華山丸に収容保護して横浜港から帰国させることになった朝鮮人二四四名の氏名・本籍・震災当時の住所・日本来住年月・職業・年齢が記載されていて、彼らが帰国・逃走などしたことも詳記している。これと同じく横須賀収容所に引きとられた朝鮮人五〇名も列挙されている。

大変にむずかしい作業ではあろうが、彼らが無事に帰国できたかどうかも追跡調査することは今後の重要な課題であろう。彼らの遺族や関係者のその後の消息を知る上でもぜひともハングルのできる若い研究者の調査・研究を切望したい。

第一次世界大戦後日本に急増した在日朝鮮人の史料的研究は、故朴慶植によってかなり明らかになっているので（朴慶植編『朝鮮問題資料叢書』全十五巻補巻一、アジア問題研究所、一九八一〜一九九一年）、八〇年も経過した現在ではきわめて困難な作業ではあろうが、これらの統計的史料等も分析・研究して朝鮮人・中国人虐殺者数を確定する基礎的研究の重要性をあらためて強調しておきたい。

陸軍の対応

戒厳令の要請

上掲の『戒厳令ニ関スル研究』には、震災発生直後、赤池濃《あつし》警視総監が戒厳令の公布を水野錬太郎内務大臣に要請した経過を、つぎのように記している。

震火災ト共ニ交通・通信・給水・燈火等ノ諸機関一時全ク杜絶シ、加之《しかのみならず》焼残地域ノ公園其ノ他ノ広場ニハ瞬時ニシテ数十万ノ被難民ヨリ成ル大集団ヲ見タリ。此際物資欠乏シ配給困難ヲ極ムルト雖《いえど》モ之ヲ補充スルノ方途ナク市民ハ其ノ罹災者タルト否ヲ問ハズ、悉《ことごと》ク饑渇ニ迫リテ多大ノ不安ニ襲ハル、ト共ニ鮮人（ママ）（注―当時朝鮮人にたいして「鮮人」と差別的呼称を使った）ノ暴動トイヒ、強震ノ海嘯《かいしょう》（つなみ）ノ再襲等ト云ヘル流言蜚語宣伝セラレ人心益々動揺シ、遂ニ隣保相倚《よ》リ自警団ヲ組織シ、鮮人ニ対スル警戒ヲ試ムルニ及ビ市郡ヲ通ジ大混乱ノ状ヲ呈シ、警察力ノ強化困難ナル為災後ノ民衆ヲシテ一大騒擾ノ渦中ニ投ゼシムルニアラザルヤヲ危惧スルニ至ラシメタリ（中略）是ニ於テ帝都治安保持ノ最大急務ハ　○被難民ニ対スル飲食料ノ供給　○戒厳令ノ実施　ニアリト確信セル当時ノ赤池警視総監ハ左ノ応急措置ヲ講ジタリ。（一）非常徴発令ノ発布ト戒厳令ノ実施ニ関シ内務大臣ニ建言ス（二〜八は省略）。

さらにこの史料には戒厳令の実施について、「九月一日警視総監ヨリ衛戍《えいじゅ》司令官ニ出兵ヲ要求セルハ一時ノ急ニ応ズルノミ、従ツテ当該要求ト同時ニ総監ハ更ニ進ミテ内務大臣、警保局長（後藤文夫）等ニ罹災地一帯ニ戒厳令ヲ実施シ以テ万全ノ警戒対策ヲ講ズルノ急務ナルヲ切言ス」と記している。

手続きと実施の違法性

この『戒厳令ニ関スル研究』を採録した第I巻、平形千恵子・大竹米子編『政府・戒厳令関係史料』の「解題」（松尾・平形連名）に次のように記した。九月二日付の戒厳令関係の史料を見れば、「閣甲一四一」で内閣書記官船田中が「起案」勅令三九八号で「戒厳令中必要ノ規定ヲ適用」しているが、「閣甲一四一」の「起案上申ス」のあとの「追テ右ハ枢密院官制第六条第三号ニ依リ枢密院ニ諮《し》詢《じゅん》相成可然《しかるべく》ト認ム」には紙が貼ってあり、枢密院の諮詢をへることなく戒厳令は実施されたことを示している。大江志乃夫によれば、「山本（権兵衛《ごんのひょうえ》―松尾注）内閣が組閣中というどさくさ中に、内田（康哉―松尾注）臨時内閣が、枢密院の諮詢をへることなく、浜尾新《あらた》枢密院副議長の承諾をえただけで宣告したものであった。上奏裁可をえたのが九月二日正午、山本内閣の組閣完了は午後四時午後七時半に親任式が予定されたというから、文字どおり、内田臨時内閣が山本新内閣にはめる手かせとして残した置きみやげであった」（『戒厳令』一二六ページ）という。

また、九月六日に「陸普第三五七三号」の「戒厳ニ関スル件」が海軍大臣財部彪《たからべたけし》と陸軍大臣田中義一《たなかぎいち》の連名で内閣総理大臣山本権兵衛に出された内容には、「今回ノ震災ニ因ル戒厳ハ事変ニ因ル戒厳ト看做シ且其ノ戒厳区域ハ臨戦地境（後掲の戒厳令第九条参照―松尾注）ト看做《みな》シ陸、海軍ニ関スル諸条規ノ適用ヲ為スヲ得ルコトニ致度《いたしたく》」とある。

この陸海軍両大臣の請議を、「請議ノ通リ閣議決定セラレ可然ト認ム」と、同日に内閣総理大臣と法制局長官は承認している。

臨戦令を適用しながらも、後述するように、福田雅太郎関東戒厳司令官は、九月三日、その職権によって戒厳令第十四条の適用にあたって「恣意的な拡大解釈」を行い、臨戦令の範囲をこえて合囲令（第十条―松尾注）を発動したことは、「行政戒厳の趣旨を逸脱したものといわねばならない」と大江は批難している（『戒厳令』、一二六ページ）。

このように、関東大震災時の戒厳令の発動は、その手続きにおいても、さらに実権においても、きわめて違法なものであったことは明らかである。このことが、朝鮮人・中国人大虐殺事件を惹起した最大の原因であったといわざるをえない。

戒厳令の内容

明治十五年（一八八二）八月五日に太政官布告第三十六号をもって制定された戒厳令については、すでにこれまでしばしば引用した大江志乃夫著『戒厳令』は、入手しやすいこの研究の唯一といえる好著である。大江と同様、軍籍の経歴をもつ軍事史学者の大先輩である松下芳男が執筆した吉川弘文館『国史大辞典』3（一九八三年二月刊）所載の「戒厳令」の解説には、この大江著と松下著『暴動鎮圧史』の二冊だけが参考文献として挙げられている。

戒厳令の全条文を紹介しておく。

第一条　戒厳令ハ戦時若《も》クハ事変ニ際シ兵備ヲ以テ全国若クハ一地方ヲ警戒スルノ法（意義）トス

第二条　戒厳ハ臨戦地境ト合囲《ごうい》地境トノ二種類ニ分ツ

（種類）第一　臨戦地境ハ戦時若クハ事変ニ際シ警戒ス可キ地方ヲ区画シテ臨戦ノ区域ト為ス者ナリ

第二　合囲地境ハ敵ノ合囲若クハ攻撃ヲ其他ノ事変ニ際シ警戒ス可キ地方ヲ区画シテ合囲ノ区域ト為ス者ナリ

（布告）第三条　戒厳ハ時機ニ応シ其要ス可キ地境ヲ区画シテ之ヲ布告ス

第四条　戦時ニ際シ鎮台営所要塞海軍港鎮守府海軍造船所等遽《にわ》カニ合囲若クハ攻撃ヲ

（宣告）受クル時ハ其地ノ司令官臨時戒厳ヲ宣告スルコト（ヿをあらためる。以下同）ヲ得又戦略上臨機ノ処分ヲ要スル時ハ出征ノ司令官之ヲ宣告スルコトヲ得

第五条　平時土寇《どこう》ヲ鎮定スル為メ臨時戒厳ヲ要スル場合ニ於テハ其地ノ司令官速カニ上奏シテ命ヲ請《こ》フ可シ時機切迫シテ通信断絶シ命ヲ請フノ道ナキ時ハ直ニ戒厳ヲ宣告スルコトヲ得

第六条　軍団長師団長旅団長鎮台営所要塞司令官警備隊司令官若クハ分遣隊長或ハ艦隊司令長官艦隊司令官鎮守府長官若クハ特命司令官ハ戒厳ヲ宣告シ得ルノ権アル司令官トス

第七条　戒厳ノ宣告ヲ為シタル時ハ直チニ其ノ状勢及ヒ事由ヲ具シテ之ヲ太政官ニ上

申ス可シ但其隷属スル所ノ長官ニハ別ニ之ヲ具申ス可シ

第八条　戒厳ノ宣告ハ曩《さき》ニ布告シタル所ノ臨戦若クハ合囲地境ノ区画ヲ改定スルコトヲ得

第九条　臨戦地境内ニ於テハ地方行政事務及ヒ司法事務ノ軍事ニ関係アル事件ヲ限リ其地ノ司令官ニ管掌ノ権ヲ委スル者トス故ニ地方官地方裁判官及ヒ検察官ハ其戒厳ノ布告若クハ宣告アル時ハ速カニ該司令官ニ就テ其指揮ヲ請フ可シ

第十条　合囲地境内ニ於テハ地方行政事務及司法事務ハ其地ノ司令官ニ管掌ノ権ヲ委スル者トス故ニ地方官地方裁判官及ヒ検察官ハ其戒厳ノ布告若クハ宣告アル時ハ速カニ該司令官ニ就テ其指揮ヲ請フ可シ

第十一条　合囲地境内ニ於テハ軍事ニ係ル民事及ヒ左ニ開列スル犯罪ニ係ル者ハ総テ軍《ぐん》衙《が》ニ於テ裁判ス

（裁判）刑法（皇室・国事・静謐《せいひつ》・信用・官吏瀆職《とくしょく》、謀殺故殺《こさつ》・殴打創傷・擅《ほしいまま》ニ人ヲ逮捕監禁・脅迫、強盗・放火失火・決水・船舶覆没・家屋物品ヲ毀壊《きかい》及動植物ヲ害スノ罪）

第十二条　合囲地境内ニ裁判所ナク又其管轄裁判所ト通路断絶セシ時ハ民事刑事ノ別ナ

ク総テ軍衙ノ裁判ニ属ス

第十三条　合囲地境内ニ於ケル軍衙ノ裁判ニ対シテハ控訴上告ヲ為スコトヲ得ス

第十四条　戒厳地境内ニ於テハ司令官左ニ配列ノ諸件ヲ執行スルノ権ヲ有ス但其執行ヨリ生スル損害ハ要償スルコトヲ得ス

（戒厳地の司令官の執行権）

第一　集会若クハ新聞雑誌広告等ノ時勢ニ妨害アリト認ムル者ヲ停止スルコト

第二　軍需ニ供ス可キ民有ノ諸物品ヲ調査シ又ハ時機ニ依リ其輸出ヲ禁止スルコト

第三　鉄砲弾薬兵器火具其他危険ニ渉《わた》ル諸物品ヲ所有スル者アル時ハ之ヲ検査シ時機ニ依リ押収スルコト

第四　郵信電報ヲ開緘《かいかん》シ出入ノ船舶及ヒ諸物品ヲ検査シ竝《ならび》ニ陸海通路ヲ停止スルコト

第五　戦状ニ依リ止ムヲ得サル場合ニ於テハ人民ノ動産不動産ヲ破壊燬焼《きしょう》スルコト

第六　合囲地境内ニ於テハ昼夜ノ別ナク人民ノ家屋建造物船舶内ニ立入リ検察スルコト

第七　合囲地境内ニ寄宿スル者アル時ハ時機ニ依リ其地ヲ退去セシムルコト

第十五条（効力）　戒厳ハ平定ノ後ト雖《いえど》モ解止《かいし》ノ布告若クハ宣告ヲ受クルノ日迄ハ其効力ヲ有スル者トス

第十六条（解止）　戒厳解止ノ日ヨリ地方行政事務司法事務及裁判権ハ総《すべ》テ其常例ニ復ス

この戒厳令の全条文は、日高巳生著『戒厳令解説』（良栄堂、一九四二年六月刊）から採録したものである。条文上段の（　）は松尾が付す。因みに、憲法学者・佐藤立夫が、戦時中の翼賛議会開会中に脱稿した論文を補筆した「戒厳令論――特に戒厳令の逐条解釈を中心として――」が戦後公表されている（『比較法学』第二三巻・第二号・一九九〇年・早稲田大学比較法研究所）。

制定の意図

この戒厳令が制定された一八八二年（明治十五）は、この年の十二月に起こった福島事件に示されているように、日本における最初のブルジョア民主主義運動といわれている自由民権運動が革命的様相を濃厚にもって全国的展開を見せていた時期であったことを忘れてはならない。そのために制定されたばかりの戒厳令は、元老院における立法趣旨とは「まったく異った、民衆運動弾圧のための軍事独裁のよりどころとして発動する方法を、政府はとらなければならなかった」（『戒厳令』、五一ページ）のである。

明治政府が最初に戒厳令の制定を考えたのは、一八七七（明治十）年の西南戦争に直面した時であった。当時元老院議官であった細川潤次郎が広く外国の法令を参照して戒厳令制定建白書（『戒厳宣告ノ儀』）を同年六月に提出している（藤井徳行「西南戦争と戒厳令制定建白書に関する一考察」(1)(2)『政治経済史学』一九九三年二月・三月号参照）。

日清・日露両戦争時に発動された戒厳令は、外征を目的として発動されたが、その後は、一九〇五年（明治三十八）九月の日比谷焼打ち事件、そしてこの関東大震災、その後の一九三六年（昭和十一）二月の二・二六事件に発動された戒厳令は、すべてが国内の「民衆暴動」や内乱鎮圧のための理由を「戦時若クハ事変」という名目で発動されたものであった。戒厳令の本質は、まさにここにあったとみるべきであろう。

日本帝国主義のアジア侵略戦争は、日本軍部の挑発によって惹き起こした戦争をアジア・太平洋戦争までは、「北清事変」「満州事変」「支那事変」「上海事変」などと呼称して遂行したことは、日本軍部の「戦時若クハ事変」（戒厳令第一条）の認識とも深く関係しているのではないかと私は考えている。

徴発令と大日本帝国憲法との関係

戒厳令と「表裏の関係」にあった法令として、戒厳令の制定と同時併行して起草され、元老院会議の議定をへずに（事後承認）布告式にもとづく布告（明治十五年八月十二日）という形式での例外措置として制定された徴発令がある。この徴発令は、この年の七月に起こった壬午《じんご》軍乱にたいする対朝鮮侵略のための外征向けのものであった。関東大震災時の戒厳宣告が「軍事戒厳」ではなくて「行政戒厳」として宣告されたために、この徴発令を適用することはできなかった。したがって戒厳宣告と同時に非常徴発令（勅令第三九六号）を公布しなければならなかったのである（大江著『戒厳令』、六九ページ）。

また一八八九年（明治二十二）二月十一日に発布された大日本帝国憲法の第一章天皇の第十四条に、「天皇ハ戒厳ヲ宣告ス　戒厳ノ要件及効力ハ法律ヲ以テ之ヲ定ム」という戒厳大権の規定がある。この規定によって戒厳令は、「法律」にかわる地位をあたえられた（戒厳令と明治憲法第十四条との関係については、くわしくは大江著『戒厳令』「明治憲法と戒厳令」の章を参照されたい）。

軍隊の出兵

当時東京衛戍司令官でもあった騎兵陸軍中将森岡守成《もりしげ》近衛師団長は、震災発生直後、衛戍勤務と東京衛戍服務規則にもとづき、ただちに東京駐屯部隊（近衛師団、第一師団、近衛騎兵聯隊、騎兵第一旅団）に出動を命じて全市の警備と市民の救護にあたらせたが、上述したように、午後に赤池警視総監から出兵の要請をうけるや、さらに出兵を続行し、各地方からも部隊を動員して警戒勤務にあたらせた。このようにして東京に結集した部隊は、歩兵十箇聯隊、騎兵六聯隊、砲兵四箇聯隊、工兵六箇聯隊、鉄道二箇聯隊、電信一箇聯隊、輜重兵二箇大隊、飛行・気球・自動車各一隊、歩・騎・砲・工兵、学校教導隊、救護班数箇であった（前掲『戒厳令ニ関スル研究』。上掲の関東戒厳司令部が作成した「震災以来十月二十日ニ至ル関東戒厳地域内警備ノ状況」には東京衛戍司令官代理陸軍砲兵中将石光真臣第一師団長の指示で東京府の警備にあたらせたと記述されている）。

戒厳令の施行

九月二日、戒厳令（第九・第十四条）を東京市・荏原郡・豊多摩郡・北豊島郡・南足立郡・南葛飾郡に適用する勅令が公布され、翌三日にはさらに適用区域を東京府・神奈川県に改める勅令が公布された。同日、勅令により関東戒厳司令部条令が公布され、司令官に陸軍大将福田雅太郎、参謀長に陸軍少将阿部信行《のぶゆき》、東京警備司令官に森岡守成近衛師団長、同南部警備司令官に石光真臣第一師団長、神奈川警備司令官に陸軍少将野田久吉歩兵第二旅団長、小田原警備司令官に陸軍少将木下文二歩兵第二十九旅団長を任命した。この兵力は東京二箇師団、神奈川県二箇旅団であった。同四日には戒厳令の適用区域に埼玉・千葉両県を加える勅令が公布された。この時から警視総監の権限は、軍事に関する限り戒厳司令官の管掌に移りその指揮を受けることになった。

海軍の対応

大震災時の海軍の対応についてはごく簡単にふれることにとどめ、主として流言発生とのかかわりを述べたい。

海軍の任務

九月二十五日に財部彪《たからべたけし》海軍大臣名で発布された「部内一般ニ訓示」は、次のように書いている。

今次ノ災厄ニ方《あた》リ帝国海軍ハ機ヲ誤ラス急遽《きゆうきよ》其ノ全機関ヲ挙《あ》ケテ救護ノ配備ニ就キ震災直後先《ま》ツ大艦隊ヲ以テスル食糧輸送計画ヲ樹《た》テ週日ヲ出テスシテ既ニ東京湾頭物資ノ聚積ヲ見タルカ如キハ人心ノ鎮静秩序ノ維持ニ寄与シタル所幾何《いくばく》ナルヤヲ知ラス爾来《じらい》陸軍其ノ当事諸機関ト力ヲ戮《あわ》セテ諸般ノ救護作業ヲ続ケ日ヲ閲《けみ》スルコト既ニ二旬

余其ノ間災地ニ於テ直接救護ニ従フ者ト（注―ここで海軍副官名で「此ノ一頁ノ代リニ『今回ノ震災ノ為艦隊ハ其ノ予定行動作業ヲ阻害サレ且ツ大演習ヲモ中止スルノ止ムナキニ至リシト雖モ玆《この》ニ旬ノ艦隊ノ行動ハ、適々《たまたま》国家危急ノ際艦隊ガ即刻発揮シ得可キ能力ヲ試験シタルモノニシテ其結果国民ノ輿望ニ添ヒ外諸外国ノ感賞ヲ博シ得テ其効果決シテ鮮少《せんしよう》ナラザリシ』旨ヲ記入シテハ如何」という訂正文が添付されている）地方ニ在ツテ之ヲ助クル者トヲ問ハス上下一致具《つぶさ》ニ辛惨ヲ嘗《な》メ全能ヲ竭《つく》シテ激務ニ勤労シ為ニ実績頗ル挙ク（後略）。

九月三日付で野間口兼雄横須賀鎮守府司令長官は、財部彪海軍大臣にたいして、「大震災以来本府部下艦船部隊ハ全員ヲ挙ケ応急諸作業ニ日夜兼行従事中ニテ規定ノ進級試験施行困難ニ付今期任用試験ハ戦時事変ニ準シ省略シ得ル事ニ致《いたしたく》度候条至急御認許被下度《くだされたく》」（ママ）という上申をして許可されていることからも、海軍も戦時体制で対応したことがわかる。

上掲の海軍大臣の訓示にもあるように、海軍の主要任務は食糧の輸送と避難民（朝鮮人・中国人をふくむ）輸送（陸軍は主に鉄道聯隊があたった）であったが、それも一般民衆よりも、天皇・皇族の安否を最優先し（藤吉膠州湾特務艦長の野間口横須賀鎮守府司令長官への一日午後六時追浜航空隊の報告に、鎌倉方面の山階宮《やましなのみや》、賀陽宮《かやのみや》大妃、華頂宮《かちようのみや》の消息が報告されている)、そのため外国公使館関係者の救助が遅れたために、外国からの批判が出されて外交問題にまでなった(この史料は、防衛研修所図書館所蔵『公文備考』参照。前掲松尾監修『関東大震災政府陸海軍関係史料』第Ⅲ巻、田中正敬・逢坂英明編『海軍関係史料』所収)。

船橋送信所　海軍のもう一つの重要な任務は、艦船(海上)からの情報伝達であった。とくに流言の発生源と考えられている千葉県の船橋送信所は、海軍省の管轄であった。

上掲『公文備考』(変災災害四巻一五六)のカーボンコピーに書かれた「自九月一日震災至九月十一日　送信所ニテ採リタル処置竝ニ状況」と題した大森大尉の報告書が残っている。この史料は既に姜徳相・琴秉洞編『関東大震災と朝鮮人』(みすず書房・現代史資料6)に、片かなの部分をひらがなにして収録されている。また近年、琴秉洞編『関東大震災朝鮮人虐殺問題関係資料Ⅱ』『朝鮮人虐殺官庁史料』のなかに写真印刷で紹介された。解説によると、この史料は国立国会図書館所蔵の『旧陸海軍関係文書』の中の『公文備考』から再録したものという。防衛研修所図書館の史料には報告書の欄外に書き込みや赤で傍線がひいてある。おそらく「旧陸海軍関係文書」所収の報告書は、この複写の一つではないかと考える。

大森大尉の報告書

大森大尉はこの報告書冒頭の「概況」で、「震災ニ続キ送受両所間ノ通信連絡全ク途絶セシヲ以テ両所間ノ規約ニ従ヒ無線通信ヲ試ミタルモ何等ノ応答ナク之ト同時ニ逓信省ノ陸線モ亦凡《すべて》不通トナリタレバ送信所ヲ以テ独立主無電所トシテ運用スベク決心シ極力主無系ノ指導管制ニ努メタリ」と書いている。通信線が容易に回復せず、東京からの公用使を待ったが来なかったので、とりあえず一日午後三時に概況を「一般に通報」し、同夜再び「避難者の談を総合」して放送した、とある。私は「関東大震災の歴史研究の成果と課題」（『法政大学多摩論集』第九巻・一九九三年三月発表）で、「『社会主義者と朝鮮人の放火』」云々の流言が確認できるのは、一日午後三時警視庁本庁が最初で、「九月一日午後には、要視察人（社会主義者や「不逞鮮人」をさしていた）に対する検束が予定されていた」と述べた斎藤秀夫の考証を紹介した。上掲の大森大尉の第一報と斎藤のいう警視庁本庁の午後三時の同時性をどのように考えたらよいか、しばらく大森大尉の報告書を追うことにしたい。同夜の概況報告について述べたすぐ後に、つぎのような興味深い報告が続く。

「是ヨリ先受信所ヨリノ公用使ハ到底来ラサルモノト断念セシヲ以テ今ハ当方ヨリ偵察兵ヲ出スニ若《し》カストナシ遂ニ午後四時半頃兵員ヲシテ今迄ノ送信文ヲ持参セシメ

東京ニ派遣シ又六時頃兵ヲ第二公用トシテ派遣セリ然ルニ翌二日ニ至ルモ右公用使帰投セサルヲ以テ再ヒ第三使ヲ二日午前七時ニ派遣セシニ漸《ようや》ク午後三時頃ニ至相前後シテ三使共帰投以テ海軍省ノ無事ナル報ヲ得ルト共ニ始メテ送信文ヲ受領スルヲ得タリ」「斯《か》クシテ八日（注—実際には四日には重要なところは開通した）ニ至リ通信線モ完成セシヲ以テ従来通リ受信所ニ於テ管制スル事トナリタレハ通信頓《とみ》ニ順調ヲ見ルニ至レリ」「警備ニ関シテハ送受両所間ノ聯絡杜絶セシタメ種々ノ錯誤ヲ生シ遺憾ノ点多カリシモ要スルニ送信所警備ニツキテハ『徹頭徹尾小官ノ嘆願聴カレス終始不安ニ堪ヘサリシ為如斯《かくのごとき》失態ヲ演シ誠ニ相済マヌ事ト思考シ居レリ』（注—『　』内が赤で傍線がひいてある）（後ニ至リ陸軍ヘノ交渉ハ其都度行ハレタルヲ知リ又結果ヨリ見レハ徒《いたずら》ニ宣伝ニ乗リタル事トナリ慚愧《ざんき》ニ不堪《たえず》）然レトモ小官ノ独断専行ニヨリカノ騒擾時ニ於テ騎兵二〇名ノ派兵ヲ請《こ》ヒ又小康ヲ得テヨリ歩兵一六名竝ニ霞ケ浦航空隊ヨリ出セル陸戦隊三七名ノ派兵ニヨリ警備ヲ厳ニセシヲ以テ村民ハ勿論所員モ亦漸ク安堵シ主任務タル通信ニ全力ヲ注クヲ得タリ」。

大森報告は、この後日時を追い記憶を辿りながら克明に記している（前掲松尾監修『海軍関係史料』参照）。

四日午後八時三十分の記事中に、「小宮ノ状況判断」として、「曩《さき》ニ行徳《ぎようとく》方面ニ上陸セシ鮮人（ママ）団ハ行路諸障害アルヲ以テ他ノ一団ニ対シ比較的障害（防禦）少ナク而《しか》シテ電信所ニ至ル最捷路タル西海神ニ上陸シ一挙ニシテ本所ヲ襲ハントスルモノ、如シ」「決心」として、「時間ハ不明ナルモ行徳方面ニ上陸セシモノハ先ツ一時間以内ニ到着スルモノト思ハサルヘカラス然シテ西海神方面ノ敵ニ対シテハ右伝令ノ言ノ如ク未上陸ノ裡ニ撃滅スルハ策ノ最上ナルモノナレトモ一方ニ衆敵ヲ控ヘナカラ我ハ寡兵ヲ以テシテ尚其中ヨリ守兵ヲ割《さ》クカ如キハ到底出来得ヘキ事ニアラス依テ該方面ノ敵ニ対シテハ所在青年団在郷軍人団等ニテ極力之ヲ防禦シ力足ラズンバ止ムヲ得ス両敵ヲ迎ヒ茲《ここ》ニ戦ハント決心シ左ノ如ク申渡セリ『状況右ノ如クナレハ遺憾ナカラ兵力ノ分派ニ応シ難シ願クハ諸君ノ最良ナル手段ト報国的精神トニヨリ該敵ノ殲滅ニ努メラレ度シ』ト　是ニ於テ更ニ騎兵斥候ヲ急派シ一方所員ヲシテ自転車ニテ急速偵察ニ当ラシメ同方面ニ対スル警戒ヲ益々厳ナラシメ他方警察ヲ介シ陸軍ト交渉シ援兵ノ増派ヲ請ヒシモ余力ナキ為応シ難シトノコトナリキ」　同日午後九時〇分「騎兵斥候帰着『鮮人ノ一団ハ西海神ニ上陸只今コチラニ向ヒマス』」　決心　騎兵ヲシテ副塔外方ニ於テ側面ヲ攻撃セシメ銃隊（所員）ヲシテ垣外ニ於テ散兵ヲ敷キ残リハ垣内（主トシテ直接電信室電源室）ノ周囲ニ在リ格闘ノ配置ニアラシム（中略）兵ハ少ナリト雖モ武器ハ鮮《すく》ナリト雖茲《ここ》一番人事ヲ尽シテ死守セザルベカラズ今ヤ陸軍モ来タラズ民衆ノ応援モナシ（中略）即チ咄嗟《とっさ》ノ裡《うち》ニ思出セルＳＯＳニシテ陸上電信所ノ使用スヘキ符号ニアラサルハ万々承知シタルモ単ニ注意喚起ノ意味ヲ以テ左ノ如ク命令セリ（小官ノ所在表門）『「ＳＯＳ援兵タノム船橋」ヲ連送シ其ノ次ニ「今夜八時半鮮人三〇〇船橋ニ上陸危急迫ル」ヲ送信セヨ右終ラバ其儘送信ヲ継続スヘシ』然ルニ咄嗟《とっさ》ノ場合トテ援兵頼ム句ヲ失念セシモノナリ然レトモ通信ハ瞬時モ休マス悠容迫ラス泰然トシテ送信事務ニ当リタルハ賞讃ニ値スルモノナリ（当直者三曹佐藤重吉、土屋雄健）」、と当直者にたいする賛辞を記している。しかしこの報告書の「泰然トシテ」云々という文章の欄外に、「当然ノコトナリ自分カ一番アワテテイル」との書き込みがしてある。おそらくこの報告をうけた海軍省の上層部が書いたものであろう。

以上の大森大尉の記録を見ても、彼は「朝鮮人暴動」の流言を事実だと判断し、恐怖におののいていた様子がよくわかる。この文章のすぐ後で「当時錯乱セル小官ノ心情ヲ分解スレハ」として、つぎのように説明している。「一、当時ノ小官トシテハ無援孤立ニアル独立指揮官トシテ当時有線無線等苟《いやしく》モ電信界ニ於ケル唯一ノ通信機関タル本所ノ任務ト吾人ノ責任トヲ余リニ重大視過キタル事（人事ヲ尽サスシテ徒《いたずら》ニ殉職スルハ此場合不可ナル意）　二、避難民ヲ収容シタル関係上往年ノ尼港《にこう》事件ヲ聯想シ前車覆轍ノ譏《そしり》ヲ免レタク思考シタルコト　三、二日警保局長（或ハ警視総監ナリシカ内務大臣ナリシカ）ヨリ山口県知事宛鮮人暴動ニ関スル電其他ニテ横浜東京ニ於ケル彼等ノ暴動ノ根拠アリ組織的ナル事ヲ聞知シタルヲ以テ事態容易ナラスト予《かね》テ自覚シタルコト　四、通信機関ノ杜絶セル関係上避難者ノ目撃談警察官ノ実見談所員竝ニ青年団ノ報告等ハ此場合真トセサルヲ得サリシコト殊ニ陸軍ノ斥候報告ニ至リテハ誰シモ疑ハサル所ナリ（五〜一〇は省略）」。

以上の説明からわかることは、「朝鮮人暴動」を事実とした後藤文夫警保局長・赤池濃警視総監、水野錬太郎内務大臣（九月二日成立の第二次山本内閣では後藤新平が内相）から橋本正治山口県知事宛の「電」文が出されたこと、彼らの思惑をうけた警察官や軍部（騎兵）の報告が伝えられていたのではないか。このような報告に接した大森大尉が、上記の当時の状況下で「ＳＯＳ」を発するような心境に陥ったことは容易に理解できる。したがって、詳細は次章の「三大テロ事件と流言蜚語」で説明するが、この大森報告書から見ても、流言蜚語の発生源は、本章の冒頭に掲げた『戒厳令ニ関スル研究』に記述されている内務省首脳部（とくに水野錬太郎内相）から陸軍への戒厳令発布要請の段階で、「三・一独立運動」の体験などから「朝鮮人暴動」とこの背景に「主義者」が扇動しているという宣伝を口実として戒厳令を引き出し、この機会に「不逞鮮人」と日本の革命的諸勢力を一挙に鎮圧して、第一次世界大戦後の国家総力戦体制への土壌づくりを意図していたのではなかったか、と私は推測している。

軍人による虐殺の実態

『久保野日記』

戒厳令下の軍隊による朝鮮人・中国人の虐殺の実態については、すでにこれまでも明らかにされてきた事実である。たとえば私もかかわった『歴史の真実　関東大震災と朝鮮人虐殺』（関東大震災五十周年朝鮮人犠牲者追悼行事実行委員会編、現代史出版会）所収の「朝鮮人虐殺の歴史資料」「大震災テロを描いた文芸作品」などを参照していただきたい。この本ではじめて公開した当時市川国府台《こうのだい》の野戦重砲第一聯隊の一等卒（当時千葉県鎌ヶ谷市在住）であった久保野茂次の『大正十二年自七月五日至十二月三十一日日記』により、当時官憲側の報道では行方不明とされていた中国人留学生の王希天は、同聯隊の将校によって虐殺されたことが確実となり、同聯隊第四救援隊の岩波少尉が小松川で朝鮮人労働者二〇〇人を殺害したことも明らかにされた（詳細は今井清一「大島町事件・王希天事件と日本政府の対応」藤原彰・松尾尊兊編『論集　現代史』所収）。

中村哲《あきら》元法政大学総長の父親である中村興麿《おきまろ》は、当時野戦重砲兵第三旅団（旅団長金子直少将）の第一聯隊長であったが、「関東大震災の警備に出動したあと感ずるところがあって、退職してしまった」という（中村哲「西園寺陶庵と竹越三叉」『法学志林』第八七巻第三号、一九九〇年三月）。直接話をきいたところによれば、中村興麿の士官学校当時の保証人は同郷の先輩であった宇垣一成《かずなり》で、とくに数学がよくでき、三八式歩兵銃や南部式拳銃の創製で有名な造兵技術将校の南部麒次郎（陸士第二期、のち中将）に将来を嘱望されていた技術畑の大佐で、震災当時もっとも凄惨な現場となった被服廠跡の警備にあたったという。辞めた理由は聞けなかったが、私の想像では部下の虐殺の責任感と地獄のような凄惨な現場に立ちあったためではなかったかと考える。また中村興麿大佐は、竹越三叉《さんさ》（与三郎）の実弟であり、当時三叉は軍部ににらまれていたと中村元総長は私に話されていた。上掲『歴史の真実　関東大震災と朝鮮人虐殺』にも紹介した習志野騎兵聯隊の見習士官であった越中谷利一《えっちゅうやとしかず》の回想談にも述べられているように、朝鮮人・中国人の収容所があった習志野《ならしの》には、騎兵第一旅団（旅団長・小畑豊之助少将）麾下の第十三聯隊（聯隊長・原田宗一郎大佐）と第十四聯隊（聯隊長・野崎準一大佐）、第二旅団（聯隊長・福田義弥少将）麾下の第十五聯隊（聯隊長・丸尾順吉郎大佐）と第十六聯隊（聯隊長・武藤一彦大佐）〔上掲拙稿「成果と課題」の一二六ページの注一六の記述を以下のように訂正しておきたい。東京には近衛騎兵聯隊麾下の第十三聯隊（聯隊長・市瀬源助大佐）を補足する〕が配置されていて、とくに騎兵が虐殺に関与したことを指摘しておきたい。

虐殺の証拠　『関東戒厳司令部詳報』（『陸軍震災資料』第四所収、東京都公文書館所蔵、松尾監修『関東大震災政府陸海軍関係史料』第II巻・田崎公司、坂本昇編『陸軍関係史料』一六〇〜一六五ページ所載）の付表「震災警備ノ為兵器ヲ使用セル事件調査表」に、九月一日夜中頃から同月六日午前七時半頃までの二〇件が記載されている。多い順の隊号は騎兵第十五（四件）、騎兵第十三、野戦重砲第一（三件）、近衛歩兵第四（二件）、騎兵第十四、近衛歩兵第一・歩兵第一・同第二・工兵学校・電信第一（各一件）である。数例を挙げるとつぎのように記述されている。九月三日午後三時頃、大島町八丁目付近、野重一ノ二砲兵少将岩波△△（同上『史料』には、加害者名は遺族のプライバシーを配慮してIKとローマ字に変えてある。本書では△△とする。）以下六九名、騎十四騎兵少尉三浦△△以下、一一名、兵器使用者騎兵卒三名、鮮人二〇〇名（氏名不詳）、処置殴打、行動概況

「大島町付近住民カ鮮人ヨリ危害ヲ受ケントセル際救援隊トシテ野重一ノ二岩波少尉来着シ騎十四ノ三浦少尉ト偶々《たまたま》会合シ共ニ朝鮮人ヲ包囲セントセルニ群集及警官四五十名約二〇〇名ノ鮮人団（ママ）ヲ率ヰ来リ其ノ始末協議中騎兵卒三名カ鮮人首領三名ヲ銃把《じゅうは》ヲ以テ殴打セルヲ動機トシ鮮人ハ群集及警官ト争闘ヲ起シ軍隊ハ之ヲ防止セントセシカ鮮人ハ全部殺害セラレタリ」、備考「一、野重一ノ二将校以下六十九名ハ兵器ヲ携帯セス　二、鮮人約二百名ハ暴行強姦略奪セリト称セラレ棍棒鉈《なた》等ノ凶器ヲ携帯セリ　三、本鮮人団ハ支那（ママ）労働者ナリトノ説アルモ軍隊側ハ鮮人ト確信シ居タルモノナリ」。同日午後四時頃、亀戸駅構内、騎十三機（機関銃隊）騎兵中尉中山△外一三名、兵器使用者同上等兵新井△△、鮮人一名（氏名不詳）、処置刺殺、行動概況「上記中山中尉ハ下士卒以下三名ヲ率ヰ亀戸停車場付近警戒中同駅構内ニ於テ自警団ヨリ一名ノ怪シケナル一鮮人ヲ引き渡サレ直チニ之レヲ取調タルニ該鮮人ハ之ニ応答セサルノミナラス却テ突然長サ七寸刃渡リ一寸位ノ短刀ヲ以テ同人及部下兵卒ニ切リ懸リタルヨリ同中尉ハ事情已《や》ムヲ得サルモノト認メ上等兵新井△△ニ命ジ之ヲ刺殺セシメタリ」、備考「一、死体ハ亀戸警察署東北隅付近ニ埋没セリ」。九月四日午後五時頃南行徳村下江戸川橋北詰、騎十五山崎中隊長、兵器使用者騎十五・騎兵軍曹坂本△△、同兵卒山口△△、斎藤△△、鮮人五名（氏名不詳）、射殺、「坂本軍曹ハ兵卒八名ヲ率ヰ小松川方面警備中瑞江村某方ニ居住スル不逞鮮人五名ノ受取方ヲ自警団ヨリ依頼セラレ之ヲ軍隊ニ同行セントシタルニ上記地点ニ於テ鮮人等ハ坂本軍曹ニ対シ突然小石又ハ棍棒ヲ以テ暴行ヲ為シ危険アリシヲ以テ同軍曹、騎兵卒山口△△同斎藤△△ニ命ジ鮮人五名ヲ射殺セシメタリ」「死体ハ河中ニ墜落流失セリ」。

騎兵の役割

なぜ騎兵が陸軍のなかでもとくに虐殺にかかわったのだろうか。『騎兵操典』に「騎兵ハ剛胆慧敏ニシテ忍耐ニ富ミ、躰力強健ニシテ武器殊ニ馬術ニ熟達シ、襲撃ノ令一タビ下ルトキハ敵ノ多寡ヲ問ハズ勇躍奮進シテ敵ヲ圧倒スルノ勇気アルヲ要ス」とあるように、「騎兵精神」は「慧敏果敢」「軽捷機敏」を特性とした。大正七年（一九一八）十二月から同九年十二月にかけて、騎兵旅団内の奇数番号の聯隊に機関銃隊を設置した。したがって習志野の第十三と第十五聯隊は機関銃を所持していた。また同十一年から鳩通信を騎兵通信に採用した。シベリア干渉戦争時に騎兵隊は大いに活躍し勇名をとどろかしたが、同十一年の軍備整理で、師団内騎兵聯隊は二中隊に削減され、同年『騎兵操典』の改正により、乗馬戦・徒歩戦両様主義が採用され、徒歩戦の比重が高まり、乗馬行動が軽視される傾向となり、騎兵の陸軍のなかでの役割が低くなっていた（第一次世界大戦以後、騎兵不要論が台頭したことに抗議して、同九年八月に騎兵第四旅団長の吉橋徳三郎少将が自刃した事件があった)。このような時に、震災当時の近衛師団長・東京衛戍司令官であった森岡守成騎兵中将（大正十二年三月に騎兵監に就任。シベリア出兵の殊勲者）の指揮下で、騎兵といえば習志野、習志野といえば騎兵といわれていた習志野騎兵聯隊にとっては、名誉挽回の好機であり、「騎兵精神」を大いに発揮し、戒厳令下で敵と見做した「不逞鮮人」や「主義者」の虐殺に積極的にかかわったのではないか、と私は考えている（佐久間亮三編『日本騎兵史』参照)。

海軍も加担

戦後、陸軍にくらべて海軍は平和主義であったかのようなあやまった俗説が普及しているが、この関東大震災の時も民衆虐殺にけっして無縁ではなかった。前掲『海軍関係史料』に収録した大正十二年九月七日に海軍水雷学校長から横須賀鎮守府参謀長宛の神奈川県「真鶴《まなづる》方面一般状況報告」（この報告は、真鶴電信所本校教員で海軍兵曹長の田部仙蔵が提出したものである）の中につぎのような記載がある。

「当地方ニハ通信機関ノ断絶ト共ニ人心ノ動揺甚タシク流言蜚語盛ンニ行ハレ或ハ飛行機飛来シ来ルヲ見テ無線電信所ト通信ヲ行ヒ或ハ大海嘯《かいしよう》ノ再来ノ電報ヲ真鶴電信所ニテ接受セリナリト盛ニ流言セラルルヲ以テ遠近ヨリ之カ信否ヲ知ラントシテ電信所ニ殺到スル者多ク依ツテ必要ト認ムル受信文ヲ公開スルハ地方ノ人心ヲ安定セシム

ル一策ナルヲ認メ熱海、湯河原小田原方面及当地停車場其ノ他各地ニ掲示シ通信交通ノ便ヲ得セシメ且ツ秩序維持ニ務メツツアリ」

「当方面鉄道工事ニ従事セシ鮮人（ママ）約二千名アリ人心恐怖心ノタメ神経甚ダ過敏トナリ鮮人ヲ恐ルルコト甚タシク日夜物々《ものもの》シキ警戒ヲ行ヒ各所ニ之ヲ追跡シテ争闘ヲ起シ九月三日各地方団体ヨリ屢々電信所ニ応援ヲ求メ来リシモ其ノ都度平和的解決ヲ希望スル旨ヲ勧告シ且鮮人ノ微力ハ克《よ》ク吾々日本人ニ対シ反抗スルノ力ナキヲ諭シ徒《いたず》ラニ雷動シテ争乱ヲ拡大セシムルコトナキヲ切望セルモ既ニ当方面ニ於テ逃ゲ後レタル鮮人数名ヲ殺害シ二名目下真鶴停車場荷物列車内ニ監禁シツツアリ」

「電信所ヨリハ兵員ノ一部ヲ以テ毎日避難所ヲ巡邏シ人心ノ安定ニ努メタリ」

「震災地警備ノタメ三島ヨリ陸兵一ケ中隊来着シ熱海湯ケ原方面ニ在リ真鶴付近ニ二十名アリテ漸次人心安定シツツアルモ真鶴村民ノ思想著シク悪化セルハ警察側ニテモ憂フルコト深ク鮮人ヨリ以上彼等ヲ恐ルル状況ニアリ」

前述した船橋送信所の大森大尉の報告記録によると、九月三日に中山・市川方面で「鮮人暴動」が起こり送信所に襲来するという情報があり、機関兵曹長を警戒監督に当たらせている。海軍からも九月五日午後三時には霞ヶ浦航空隊陸戦隊三七名が到着して警備に当たっている。朝鮮人・中国人虐殺の多かった横浜にも九月二日午後十一時三十分に海軍陸戦隊一個小隊が磯子・根岸間の八幡橋に上陸して、翌三日には中村町や伊勢佐木町をへて市内全体の巡視にあたっているので虐殺と無縁であったとは言えないだろう（前掲『海軍関係史料』一二八〜一二九ページ参照）。また、海軍法務局の極秘史料である『朝鮮人関連情報』には、「不逞鮮人」が暴動（爆弾投下・放火・毒薬投井・殺人・放火襲撃）を行っているというまったく事実無根の流言蜚語の流布にもかかわっていることが明らかである（前掲『海軍関係史料』一〇三〜一〇四ページや「赤羽火薬廠爆薬部関連史料」一〇五〜一一九ページ）。

記事取締りを慎重に

上掲『政府・戒厳令関係史料』に収録した同公文書館所蔵の米国からの「返還文書」中に、『記事取締ニ関スル書類綴』（大正十二年九月起、新聞係）がある。これは全国の県知事などから内務省警保局長にあてた電報を集めたものである。このなかの朝鮮警務局長から警保局長にあてた電報（九月七日午後十一時四十五分受）の内容を紹介しよう。

「新聞記事ニ関シ左ノ通リ朝鮮内ニ於テ掲載禁止ヲナシタリ管下各新聞社ニ警告方御配慮ヲ乞フ震災ノ前後ニ於テ内鮮人（注―当時日本人を内地人、朝鮮人は差別して

「鮮人」と呼称した）間ノ衝突ニ因リ鮮人カ内地人ノ為メ暴行凌辱ヲ加ヘラレタル旨ノ風説ハ目下ノ処真偽全ク不名（明）ニ付キ官庁ニ於テ発表スルモノヲ除ク他此ノ種ノ記事ハ一切新聞紙ニ掲載スルコトヲ禁ス」

同局長電報（十月二十一日午前九時八分着）「内鮮人凶行虐殺事件記録解禁ノ貴電ニ接シタルモ朝鮮ニ於テハ官庁ノ発表以外ニ渉《わた》リ一般的ニ解禁スルトキハ鮮人経営新聞等ニ於テ鮮人虐殺事件ノ真相材料等ヲ豊富ニ準備セル此ノ際如何《いか》ナル記事ヲ掲載スルニ至ルヤモ保シ難キ事情アルヲ以テ本件ニ関シテ単ニ官庁ニ於テ発表シタルモノニ限リ其以外ハ依然掲載ヲ禁止シ取締リツヽアリ其御含《おふくみ》ニテ解禁後ノ記事ニ関シテモ相当御取締相成度《あいなりたく》尚今回ノ発表ニシテ御来電ノ如ク司法当局ヨリ朝鮮人犯罪ノ一部概要ノミノ公表ニ止マル時ハ鮮内ニ於テハ自然鮮人ノ感情ヲ激発セシムル虞《おそれ》アルヲ以テ鮮人ノ犯罪ヲ発表シタル以上ハ遅滞《ちたい》ナク日本人ノ凶行事実ノ真相ヲ官庁ヨリ公表セラルル様特ニ御配慮相煩度《あいわずらわしたく》」

「（七六）震災ニヨル内鮮人ノ凶行虐殺事件ノ内容発表ノ件ニ関シテハ昨電ノ如ク朝鮮ノ治安竝ニ新聞取締上極メテ甚大ノ関係アルニツキ少クトモ発表時期二日前迄ニ其ノ内容詳細御回電煩ハシ度尚《なお》若シ昨電ノ如ク司法官憲ニ於テ発表セラルルモノトセバ

発表ノ時期竝ニ内容事前ニ漏洩《ろうえい》スルコトナキ様特ニ御配慮ヲ乞フ」（十月十九日午後七時一分発、二十一日午前九時三十二分着の暗号電報）

一九一九年三月一日の朝鮮に起きた「三・一独立運動」を画期とした日本帝国主義の朝鮮民族への植民地政策にたいする反帝・民族独立闘争の高揚のなかで、この大震災時の虐殺事件の報道にたいする朝鮮警務局長の狼狽ぶりが伝わってくる内容である。この電文からも司法当局は朝鮮人虐殺事件の報道を発表事前に他へ漏らしていたことがわかる。後述する『会津日報』でも明らかであるように、官憲の新聞記事取締の実態は、事実無根の「流言蜚語」をあたかも事実であるかのような記事ばかりを掲載させていたのである。

朝鮮人の心境

同上館所蔵の『公文雑纂』（大正十二年、巻十二）のなかに、同年十二月十一日付の朝鮮総督府男爵斎藤実《まこと》から内閣総理大臣宛の㊙文書がある。そのなかの同年十月三十日付の釜山事務官洪承均（震災で帰国した朝鮮人被難民救護のため長期間釜山に出張した）が朝鮮総督斎藤実に提出した『被難民及地方民ノ感想ニ関スル報告』につぎのような感想がある。

「著シキ悪感ヲ以テ解釈スルモノノ談トシテハ　朝鮮人暴行ノ風説カ民衆ヲ興奮セシメタル結果ナリト云ハル然リ朝鮮人ノ暴行モ事実ナルヘシ然レトモ其ノ暴行タルヤ

高ク知レタルモノナルヘク其数又ハ程度ニ於テ日本人ニ及ハサルヘキヲ想像シ得ラルルニモ不拘《かかわらず》斯《かく》ノ如《ごと》キ無分別ノ虐殺カ行ハレタリ然ラハ其ノ原因ト裏面ヲ考究セサルヘカラス即チ朝鮮人ト云フ三字カ其ノ因ヲ為シタルモノニシテ何ント云フモ個人的ニアラスシテ民族対民族ノ行為（注—「民族から行為」までに傍点を付けている）ナリ朝鮮人タルモノ之ニ着眼セサルヘカラス（中略）正当防衛ナリト弁護スルモノアルモ之ハ全ク世人ヲ瞞着シ殊ニ朝鮮人ヲ馬鹿ニスル言ナリ譬《たと》ヘ朝鮮人ノ草賊的暴行者アリタルトスルモ之カ討伐ハ十数名ノ警察官ニテ足ルヘキモノニシテ何カ民衆挙《こぞ》ツテノ直接活動ヲ要スル理由アリヤ況《いわ》ンヤ朝鮮人カ対抗シタル事実アルヲ聞カサルニ於テヲヤ当時朝鮮人ノ生命ハ蠅ヨリモ尚軽カリシコトヲ回顧スレハ事自ラ明カナルモノアリ」

「東京付近ノ在留朝鮮人四万内外ナリト聞ケリ目下ノ生存者ハ何人ナリヤト質問スルモノ（中略）今度ノ大虐殺ハ警視庁及軍隊ノ秘密命令ニ依リ組織的ニ行ハレタルモノナリト信スルモノ（中略）斯ノ如クニ多数ノ無辜《むこ》ナル人生ヲ虐殺シテ此ノ儘無事ニ済《す》マスル天道アルベキ筈ナシ必ス何カ果報アルベシト呪《のろ》フモノ（中略）内鮮一家トカ共存共栄トノ辞令ハ全ク偽善ノ套語《とうご》ナルコトガ立証セラレタリトスルモノ」

日本の敗戦直後も、官憲は治安対策の主要な対象として在日朝鮮人の動向に目を光らせていた（現在も同じである）。

つぎの警察（特高）報告にも、二二年以上もたった敗戦の日まで（朝鮮人には「光復」の日）、この大虐殺事件の記憶をけっして忘れていなかったことがわかる。

昭和二十年八月十五日、直江津警察署長・地方警視杉本信仁の新潟県警察部長にたいする「戦時惑乱罪被疑者検挙並ニ送局ニ関スル件」（特高秘第三一四七号）で、本籍・朝鮮平安北道江界郡江界邑錦町五〇五番、住所・中頸城郡八千村大字里井番地不詳松風寮内の工員清水隆一を刑法第一〇五条ノ三違反としての送局意見書につぎのように書いている。

「第四　犯罪事実　被疑者清水隆一ハ朝鮮平安北道江界郡乾北面ニ生レ十五歳ノ時父ニ死別シタルガ普通学校高等科私立中学校ヲ中退シ更ニ上京シテ電気学校、研究数学館、物理学校ニ入学シタルモ何レモ之ヲ卒業スルコト無クシテ退学シ母病気ノ為皈《き》郷《きょう》后ハ自己ノ考案ニ係ル温突《オンドル》改造工事ノ請負ヲ為シ居タル処昭和十八年十二月母死亡スルヤ募集ニ応ジ信越化学工業株式会社直江津工場へ労計（ママ）移入労務者トシテ就労シ副隊長トシテ勤務中（一）昭和十九年九月頃宿舎松風寮広間ニ於テ寮生タル鮮人（ママ）労務者七、八十名ヲ集合セシメ『関東大震災ニハ内地人ノ誤解（ママ）カラ半島人ガ虐殺サレタ事ガアル又アノ様ナコトガ起キルト悪イカラ余リ内地人ヲ刺激シテハナラヌ』ト述ベ社会人心ヲ惑乱スベキ事項ヲ流布シ戦時下ノ治安ヲ紊ク《(ママ)》寮生ヲ極度ノ不安ニ陥《おとしい》レ更ニ(以下欠)」(二) 昭和二十年六月上旬宿舎松風広間ニ於テ寮生七、八十名を集合セシメ『関東大震災ノ例ヲ忘レルナ戦局ガ此ンナ風デハ又関東大震災ノ如キ半島人虐殺事件ガ起キルデハナイカ』(三) 昭和十九年七月十八日午后七時頃松風寮広間ニ於テ寮生タル鮮労《(ママ)》務者百二、三十名ヲ集合セシメ『吾々ハ満期ニナツテモ皈《かえ》ルコトハ出来ヌ今日工場デ聞ケバ期間延長トノコトダ従ツテ皈鮮《きせん》スルニ逃走《とうそう》ヨリ外ハナイ　又戦局ガ変ツテ来ルト関東大震災ノ様ナ鮮人虐殺事件ガ起キヌトモ限ラヌガ逃走シテ一人〳〵ニナツテ居テハ直《す》グ殺サレルカモ知レヌ成ルベク大勢集ツテ団結シテ居ナケレバナラヌ之ハ自分ノ生命ヲ守ル上ニ於テ是非必要ナコトダ　十人ヤ二十人位ノ内地人ガ関東大震災ノ様ニ半島人ヲ殺サウトシテ来テモ二百人以上モ之ノ寮ノ如ク集ツテ居レバ大丈夫ダ云々』ト演述シテ寮生ヲ極度ノ不安ニ陥レ人心ヲ惑乱セシメタルモノナリ」「第七　犯罪ノ情況　被疑者清水隆一ハ昭和十九年三月労計移入労務者トシテ渡来シ二ケ年ノ期間ヲ以テ軍需会社法適用工場タル信越化学工業株式会社直江津工場ニ就労シ軍需生産ノ増強ガ聖戦完遂上如何ニ重要ナルカヲ充分知悉《ちしつ》シ乍《なが》ラ然モ内鮮一体一億国民ガ一丸トナリテ結束シ勝利ノ彼岸《ひがん》ニ邁進ヲ要スルノ秋《とき》『内地人ハ戦局ガ悪化スレバ関東大震災ノ例ノ如ク朝鮮人ヲ虐殺スルコトハ必至ナリ』ト妄断シ軍需生産ノ重要性ヲ忘却シテ逃走ヲ企図シ剰《あまつさ》ヘ他ノ鮮人労務者百数十名ニ対シ数回ニ亘《わた》リ斯《かか》ル不祥事件ノ勃発スベキ事ヲ告ゲ之ヲ避クルハ逃走ヨリ他ニ途ナシト煽動シ之等ヲ極度ノ不安ニ陥レ大部分ノ労務者ヲ逃走スベク決意セシムルニ至リ内鮮一体タルノ信念ニ亀裂ヲ生ゼシメ其ノ結果既ニ十二名ノ逃走者ヲ出シ（七月十九日二名同月二十日三名同月二十五日六名八月一日一名）内逮捕セラレタル二名ノ自白ニ依レバ被疑者清水隆一ノ言動ニ惑ハサレタルモノニシテ他モ同様ニ認メラル、ガ未曾有ノ難局ニ当リ一億民悉《ことごと》ク戦友トシテ戦闘配置ニツキソノ団結ヲ鞏固《きようこ》ニシテ軍需生産ノ増強ニ努ムベキニ不拘《かかわらず》其ノ戦列ヲ逃避セシメ内鮮一体ノ信念ニ動揺セシメ以テ治安ヲ妨害セル行為ハ戦時下最モ悪質ナリト認メラル、ヲ以テ厳罰ヲ以テ之ニ臨ミ強ク反省改悛《かいしゆん》ヲ促《うなが》スト共ニ広ク他戒《いましめ》ノ資ニ供スルノ要切ナルモノアリト思料ス　右及意見開陳候也　昭和二十年八月十三日　於直江津警察署　司法警察官　警部補　小林郡司」（「日本敗戦前後の在日朝鮮人の状況」、朴慶植編『朝鮮問題資料叢書』第十三巻所収三〇三～三一一ページ。一九九〇年三月、アジア問題研究所発行。新潟県警察部特別高等課『昭和二十年・内鮮関係書類綴②　警察署長報告』）

「三大テロ事件」と流言蜚語

「三大テロ事件」と歴史的背景

評価をめぐって

犬丸義一は前掲『歴史の真実　関東大震災と朝鮮人虐殺』で、「朝鮮人虐殺事件は、第一次世界大戦後、日本独占資本主義の確立を社会的基盤として形成された、日本の労働者階級を中心とする日本人民の諸階級・諸階層と、朝鮮人労働者階級を中核とする朝鮮人民との反日本帝国主義の連帯の芽生えを、つみとろうとして日本帝国主義者によって強行されたものであることを、かなりの程度明らかにすることができたと考える。（中略）この朝鮮人虐殺事件をふくむ亀戸事件、大杉事件などの「三大テロ事件」は『第一次共産党事件』とあいまって、すでにのべたようにようやく大衆化しはじめた日朝人民の連帯運動をふくむ日本の革命運動に大きな打撃を与えた。震災後には、一方では総同盟内部に、労資協調主義を基礎にする改良主義的な社会民主主義的潮流が形成され、共産党内部にもそれは影響し、解党主義が発生する直接の原因をなしている。もっともこの打撃は、『大逆事件』が明治の社会主義運動、労働運動に与えたような壊滅的打撃ではなく（したがって、この一九二〇年代の運動がもっていたより大衆的な基礎の存在を示しているのだが）、やがて、一九二五、六年には、再び再建されるが、一九二五年には、その運動の前に治安維持法の弾圧体制が構築される。日本帝国主義に反対する日本人民の運動は、その勇敢さにもかかわらず、三・一五事件、四・一六事件をはじめ、その後の一連の弾圧体制を打ち破って勝利することはできず、戦争とファシズムの体制をゆるし、一九四五年の敗戦を迎えるのであるが、本文でものべたように、この時期は一定の勝利の可能性の存在した時期であった、と私は考える」（一七三〜一七四ページ）と関東大震災七十周年時に書いている。

この犬丸の見解は、すでに関東大震災四十周年時に特集号を組んだ『労働運動史研究』所収の「はじめに」で、塩田庄兵衛が「扼殺三大事件」として位置づけ、さらに本号の巻頭論文「大震災下の諸事件の位置づけ」で今井清一が三つの事件を「白色テロ」事件として並列的に論じた観点を、さらに私たちの討議をふまえて犬丸がまとめたものであった。

このような戦後の「科学的歴史学」の立場にたつ日本人歴史研究者の、いわば「通説」ともいえる見解にたいして、在日韓国・朝鮮人歴史家から痛烈な反論が出されたのである。

姜徳相の反論

この代表的見解として姜徳相《カンドクサン》の批判がある、つぎのように言う。

個々の生命の尊厳に差のあるはずはないし、異をとなえるわけでもないが、家族三人の生命、一〇人の社会主義者の生命と六千人以上の生命の量の差を均等視することはできない。量の問題は質の問題であり、事件はまったく異質のものである。異質のものを無理に同質化し、並列化することは官憲の隠蔽工作に加担したと同じであるといえよう。前二者が官憲による完全な権力犯罪であり、自民族内の階級問題であるに反し、朝鮮人事件は日本官民一体の犯罪であり、民衆が動員され直接虐殺に加担した民族犯罪であり、国際問題である。この相違を峻別しないということはない。しかし、日本での問題のとりあげられ方は事件後からこんにちまで、著者が強調したと逆の順で関心が強いようである。当時の三大総合雑誌『中央公論』『改造』『太陽』ほかいくつかの雑誌も大杉事件を中心にとりあげ、亀戸、朝鮮人事件へのページのさき方は順に少ない。この傾向は解放後も同じで、大杉事件、亀戸事件、朝鮮人虐殺事件の順で研究水準は低下し文献も少数化している。関心の高低の要因をどこに求むべきか、異質の事件としてのとらえ直しをまつ以外にないであろう（中公新書『関東大震災』一九七五年十一月、二〇七〜二〇八ページ）。

名著の誉れ高いこの『関東大震災』が公刊されて以来三〇年近くも経過した今日、著者の痛烈な批判にこたえられるだけの仕事を私たち日本人歴史研究者はしてきたのだろうか。残念ながら私たちは、姜徳相に代表されている韓国・朝鮮人の共通した批判にたいして、いまだに十分に答えきれていないのではないかと思う。冒頭の「プロローグ」で述べたように、姜の指摘したような危険な状況がいっそう進行している現在にあるように思う。日本人歴史研究者の中でもとくにこの批判にこたえられる業績をこれまでに数々あげている山田昭次（朴慶植編『在日朝鮮人史研究』緑蔭書房、一九九六年復刻版を参照）でさえも嘆いているように、私たち七十歳をこえた歴史研究者ではなくて、もっと若い歴史研究者による活発な研究の進展を切に期待したいものである。

亀戸事件の評価

前述の姜徳相の批判の鉾先は、さらに官憲の犠牲となった当時の日本人社会主義者・無政府主義者にたいしても厳しく向けられている。姜は社会主義者が朝鮮人虐殺の直接の下手人になった証拠はないが（同上書、一九六ページ）

とことわりながらも、亀戸事件の犠牲者や大杉栄らも自警団に参加し、朝鮮人検束に疑問を感じない社会主義者がいたこと、また当時の社会主義者と労働組合は亀戸事件や大杉事件には抗議しながらも、朝鮮人虐殺事件への究明をおこたったと指摘する。姜は『亀戸事件労働者大会宣言』を例にあげて「抗議文から朝鮮人虐殺事件への関心の片鱗も発見できない。歴史家が三大虐殺事件として奇妙な連帯を創作した社会主義者の仲間は朝鮮人事件を回避した。朝鮮人事件の合理化のため亀戸事件がおきたことを提起せずしてどうしてまっさきに抗議できよう。抗議文にみるかぎり亀戸事件労働者大会は朝鮮人事件にそっぽをむいているのである。そればかりか、かれらは権力のすさまじい迫害を目撃して、朝鮮人民との連帯、植民地解放などを口にすることは命の問題として意識するようになり、さらに一部は朝鮮民族解放闘争との敵対関係にもすすむようになる」（同上書、二〇一ページ）と、きわめて手厳しい批判を述べている。

亀戸事件建碑実行委員会編（編集委員会代表・難波英夫、酒井定吉）『亀戸事件の記録』（亀戸事件建碑実行委員会、一九七一年三月）の中で紺野与次郎（記念講演「亀戸事件と七〇年代の闘争」）や山岸一章（「関東大震災と亀戸事件の真相」）は、南葛労働会の犠牲者たちは朝鮮人を助けるために自警団に参加したのだと述べている（一八、四四ページ）。史料的証拠を示していないが、同上書に収録してある自由法曹団が作成した『亀戸労働者刺殺事件聴取書』（南喜一、南巌）や渡辺政之輔の「亡き同志を憶う」（一九二四年四月、『社会運動犠牲者列伝』）などに依拠したものと思われる。こうした評価のしかたにたいしても、姜の批判が向けられているのではないかと私は推測する。

いわゆる「三大テロ事件」のなかで、これまでに研究が一番おくれていた『亀戸事件』を公刊した加藤文三は、虐殺された一人であった純労働組合の平沢計七《ひらさわけいしち》が自警団で見張りに立っていたとき、長屋のすみにいた朝鮮人をひっぱりにきた在郷軍人を説得し、「鮮人《ママ》は決して悪いことはしてない」といって、在郷軍人を追いかえしたという話を紹介したすぐ後で、「だが多くの人は、このような勇気がなかった。そんなことをすると、密告されて、自分が殺されるかもしれない」と怖れていたと書いている（『亀戸事件』大月書店、一九九一年一月、四一～四二ページ）。

亀戸事件の真相究明の調査と抗議活動を果敢に展開した自由法曹団の弁護士・布施辰治《ふせたつじ》とともに活躍し、「歪みを見抜く鋭い眼」をもつ「人権のための戦士」と高く評価されている社会主義者の弁護士である山崎今朝弥《けさや》（自由法曹団編『自由法曹団物語　戦前編』、日本評論社、一九七六年十月参照）は、大震災の翌年に出版した『地震・憲兵・火事・巡査』の中でつぎのように書いている。

「人は到底環境の支配を免れ得ない動物である。ただでさえ気が荒《すさ》み殺気が立って困っている処へ、剣突《けんつき》鉄砲肩にしてのピカピカ軍隊に、市中を横行闊歩《かつぽ》されたのでは溜《たま》ったものでない。戒厳令と聞けば人は皆ホントの戒厳と思う、ホントの戒厳令は当然戦時を想像する、無秩序を連想する、切捨て御免を観念する。当時一人でも、戒厳令中人命の保証があるなど信じた者があったろうか。何人《なんぴと》といえども戒厳中は、何事も止むを得ないと諦《あきら》めたではないか。現に陛下の名においてという判決においてすら、無辜《むこ》の幼児を殺すことも、罪となるとは思えない当時の状態であった、と説明して居るではないか」（森長英三郎編、岩波文庫、一九八二年十二月、二二三ページ）と当時の雰囲気を記している。このような状態のなかで山崎は、「鮮人問題解決の唯一の方法は、早く個人には充分損害を払い、民族には直ちに自治なり独立なりを許し、以て誠心誠意、低頭平《（ママ）》心の慰藉謝罪の意を表するより外はない」と書き（一九一三年十二月十四日、一二三五ページ）、平沼騏一郎司法大臣宛の公開状の中でも、「この事件の真相を明らかにすれば、勢い支那《（ママ）》人、朝鮮人、日本人が、自警団や軍隊などに殺傷された数、場所、方法、その死体の取扱い方、埋葬方法が明らかになります。軍隊と警察が一番悪い者になります。国威にも関し、国際問題も起こるという事になります。しかしここが一番考えてもらいたい所です」と言い切っている（同年十二月十八日、二四一ページ）。

では、なぜこのような「三大テロ事件」が起こされたのかについて簡単にふれておきたい。

歴史的背景

この歴史的背景の第一には、第一次世界大戦後の国際環境の変化をあげなければならない。具体的には一九一七年十一月のロシア社会主義革命と一九一九年三月の朝鮮における三・一万歳独立運動、同年五月の中国での五・四運動に象徴される東アジア世界の転換期（世界史上の最初の社会主義国家の誕生とその影響をうけた反帝・民族独立闘争の高揚）にたいする天皇制支配者の危機意識があった。

第二には、日本国内情勢の変化である。一九一八年の米騒動によって寺内正毅《まさたけ》長州陸軍閥内閣が打倒され、日本で最初の「政党内閣」である原敬《たかし》政友会内閣が誕生した。一九二〇年代は、第一次世界大戦後の戦後恐慌による不況の影響をうけて、日本の労働者・農民・その他の諸階層の階級闘争がもっとも高揚した。これに対応するために原内閣が成立をもくろんだいわゆる三悪法（過激社会運動取締法案・労働組合法案・小作争議調停法案）にたいする反対運動が盛り上がっていた。それまでの労働運動は、総同盟系のボルシェヴィキ派と反総同盟系のアナキズム派が反目し対立していた。しかし、この時期には両派が協同して三悪法反対運動にとりくむ統一戦線的志向をもった新傾向が生まれていた。またこれまで軽視していた普通選挙運動にも労働組合は取り組むようになっていた。このような新しい労働運動にもっとも精力的にとりくんだ中心的な組織者が平沢計七であった。また一九二三年九月の第一日曜日をめざし、「国際青年デー」を組織して国際的連帯をはかろうと精力的に活動していたのが川合義虎《かわいよしとら》であった。川合は当時非合法政党であった日本共産党（一九二二年七月成立）の党員であり、同党の影響下にあった日本共産青年同盟の初代委員長でもあった。また当時江東区を基盤とした最も戦闘的な労働組合であった南葛労働会の中心的活動家だった。この平沢と川合が亀戸事件の犠牲者となった。天皇制支配権力にとって当時最も手ごわい相手を的確に狙って抹殺したのである。当時、アナーキズム運動の最高の理論家であった大杉栄とその内縁の妻で女性解放運動の戦闘的活動家であった伊藤野枝《いとうのえ》の場合も同様であった。

このような階級闘争の先頭に、在日朝鮮人労働者が日本人労働者と連帯して闘争していたのである。

この時期を解明するうえで、当時の総同盟と一線を画した東京鉄工組合・造船工労働組合・日本労働連盟・純労働者組合などの横断組織団体の機関誌として一九二二年二月に創刊された『労働週報』（同年三月十三日の第三十九号が最終号）が復刻（不二出版、一九九八年十月）されたことは大変貴重な第一次史料である。この時期の中心的な労働運動の指導者であった平沢計七の著作集が、『評伝平沢計七』（恒文社、一九九六年七月）の著者である藤田富士男と大和田茂両氏の努力で出版される予定なので、この日本近・現代史の明暗を分けた画期である一九二〇年代の研究がいっそう飛躍をとげることであろう。

亀戸の特殊性

とくに亀戸でこのようなテロ事件がもっとも集中して起きたのは、この地域が低賃金労働者の「スラム」的街であったことである。第一次大戦後の失業者続出の中で、日本人労働者の職業を中国人や朝鮮人労働者に奪われることを反対した「労働ボス」は、政府や警察署にたいして中国人労働者を雇わないように陳情している。こうした日本人労働者と中国人労働者・朝鮮人労働者間のトラブルが起こっていた。

さらにこの亀戸は、関東大震災時に第一師団（師団長・石光真臣陸軍中将麾下の東京南部警備部隊（隊長・寺田騎兵大尉））が駐屯していた軍事的拠点であった。また、陸軍の輸送（軍隊・食糧・医療）の拠点であり、房総方面に通ずる交通（総武線）の要衝でもあった。中国人労働者大量虐殺事件と王希天謀殺事件の起きた大島《おおじま》町には、戦前の日本陸軍の最強部隊といわれた弘前の第八師団が救護班として駐屯していた。

植民地朝鮮での反響

朝鮮人大虐殺が残酷に展開されていたとき、日本帝国主義国家の植民地統治下で発行されていた『朝鮮日報』(一九二三年九月二十四日号)には、「朝鮮人の暴行は絶無——警視庁の報告でも震災時に朝鮮人と社会主義者の暴行なしと——」という表題で、「二十日午後一時に開いた東京府会震災救済実行委員協議会で馬場刑事部長、緒方消防部長、正力官房主事は、今回の震災時に朝鮮人と社会主義者による暴行や放火は一切なかったことが報告された。これに対して委員側から、それは震災時に警視庁が『朝鮮人の暴行放火の事実があるのでこれを厳重に取り締まる』と言明したことと矛盾するとして質問があったといわれる」という報道記事が掲載され、朝鮮総督府警務局によって押収されている(コリア研究所編訳『消された言論』社会篇、未來社、一九九〇年八月、一二八ページ)。また、一九二三年十二月十一日号に、「北星会の最近の活動　五箇条を決議後、実行に努力、各労働団体および日本労働団体の応援下で大活躍中」との見出しで、つぎの記事が掲載されている。

社会主義思想団体で、日本東京に本部を置く無産階級解放運動の「赤報隊」である「北星会」は、会員の学術的理論および経験によって、日本の主義者と互いに手を携えて波瀾の多い前線に立って闘っているが、今回震災事務所を東京府下中野町小河二八番地に移転し、北星会で運営してきた在日本朝鮮労働者状況調査会および東京朝鮮労働同盟会とともに、日本労働総同盟の応援を受け、罹災同胞の調査、慰問に忙殺されている。また同会員李炘氏は、輿論を喚起するため先月下旬、労働同盟会員二名とともに大阪、神戸に行き、大阪、神戸朝鮮労働同盟会、その他の諸団体と連絡を取り合い、つぎのような決議をしたとのことである。

一、震災当時の朝鮮人虐殺事件に対し、日本政府にその真相の発表を求めること　二、虐殺に対する抗議を提出して、被害者の遺族の生活権保障を要求すること　三、社会の輿論を喚起するため、朝鮮および日本の主要都市において演説会を開催し、檄文を頒布すること　四、震災当時、亀戸署で殺害された日本の同志九名の遺族の弔慰金を募集すること　五、機関誌『斥候隊』を年内に続刊すること

また同紙はつづけて「大邱《たいきゅう》で会議、北星会員四、五人が厳重な警官の警戒中に会議を終え、即日出発」という見出しで、「在東京思想団体『北星会』が五箇条の決議をして猛烈に活動しだしたことは前項で述べたが、今年の夏、北星会で第一回社会問題講演団を組織して、朝鮮社会運動に一線を投じた後、ただちに東京に行こうとしたところ震災によって

東京行は不可能となり、朝鮮で種々の計画をたてているとの噂がある会員四、五名が去る六日、突然大邱で秘密裏に集会した。このことを探知した警察当局が厳重に警戒している中で、種々の決議をしたとのことである。これは、東京本部で決議した通知文を受け、その実行策を講究するために集まったというが、詳細は明らかでない。信頼すべき筋によれば、朝鮮にいる同会会員某氏を大阪と東京に派遣し、また、朝鮮にいる種々の運動方針をも取り決めたとのことであるが、彼らは去る七月にいずこかに向かって出発したという」（コリア研究所編訳『消された言論』政治篇、一九九〇年三月、一六六〜一六七ページ）と書いた新聞記事も押収されている。

日朝連帯の動き

以上のような記事から推測して、朝鮮人活動家たちが日本労働総同盟の応援と協力で、朝鮮人虐殺事件の調査活動を行っていたことが推測されるのではないだろうか。この事実についてもっと調査研究してみる必要があるだろう。

当時、小牧近江《おうみ》（近江谷駉《おうみやこまき》）、金子洋文、今野《いまの》賢三、中西伊之助らプロレタリア文学者たちが発行していた『種蒔《たねま》く人』は、帝都震災号外（一九二三年十月一日）の「休刊に就て　種蒔く人の立場」の中でつぎのように書いている。

震害地に於ける朝鮮人の問題は、流言蜚語として政府側から取消しが出たけれども、当時の青年団その他の、朝鮮人に対する行為は、厳として存在した事実である。悲しむべき事実である。呪詛《じゅそ》すべき事実である。憎悪すべき事実である。拭《ふ》いても拭いても、消すことの出来ない事実である。震災と共に起つた、かうした事実を眼のあたりに見せつけられた僕達は、出来るたけ（ママ）冷静に、批判考究、思索の上、僕達の立場からして敵味方を明確に凝視《ぎょうし》する必要を感ずる。果たしてあの、朝鮮人の生命に及ぼした大きな事実は、流言蜚語そのものが孕《はら》んだにすぎないのだらうか？　流言蜚語そのもの丶発頭人はだれであつたか？　如何なる原因で、その流言蜚語が一切を結果したか？　中央の大新聞は、青年団の功のみ挙げて、その過を何故に責めないか？　何故沈黙を守らうとするか？　事実そのものは偉大な雄弁である。此の偉大なる雄弁に僕達プロレタリアは、あくまでも耳を傾けなければいけない。そして僕達は、此の口を縫はれても猶かつ、抗議すべき目標を大衆と共にあきらかに見きはめなければいけない。（九月一七日）

このような勇気ある抗議を、公然と発表した社会主義者・共産主義者・無政府主義者たちがいたことも事実であった。だが「不逞鮮人《ふていせんじん》」とみずから宣伝し、天皇制国家と徹底して闘った朴烈《ぼくれつ》と共同（内妻）して闘争して、死刑の宣告をうけ（恩赦で減刑）、一九二六年七月に宇都宮刑務所でみずからの命を断った金子文子《あやこ》のような日本人ではなかった（山田昭次「金子文子論ノート」『歴史評論』一九九一年三月、『金子文子』一九九六年、影書房刊、岸野淳子「金子文子と朝鮮」『季刊三千里』一九九二年八月、秋山清「はるかに金子文子を――『自叙伝』を再読しながら」『季刊三千里』一九七八年二月）。金子文子のような朝鮮人観をもった日本人は、当時は希有な日本人であったことはたしかである。私自身も、前掲『季刊三千里』（三六号、関東大震災の時代）で山田が述べているように、「彼らのうち少数の者は朝鮮人虐殺の真相を究明しようとする意思をもっていたが、内的・外的条件によりその意思はあまり展開できなかったと考える」（四二ページ）という意見に賛成だが、もっと当時の社会主義者・無政府主義者・共産主義者の思想史研究（とくに彼らの朝鮮観を）の必要性を私は痛感している。

初期社会主義者の朝鮮観

日本の社会主義者の代表的人物であった幸徳《こうとく》秋水《しゅうすい》（一九〇五年十一月のアメリカ亡命を機に、一九〇七年二月五日の『平民新聞』第十六号の「余が思想の変化」で無政府主義思想へ傾斜した）の朝鮮観について、かつて石母田正は、「秋水の場合には被圧迫民族の帝国主義にたいする民族の解放と独立の闘争の過少評価（傍点が過小評価に付されていることに注意―松尾注）があること、したがって、そこからは正しい勢力の結集と統一戦線の方針が出てこないことだけは疑うことはできまい。秋水のかかる思想は、けっしてこの場合の偶然的なものでなく、いうまでもなく、民族問題にたいする正しい方針を確立し得なかった彼の無政府主義自体にその原因があったのである」と批判した（「幸徳秋水と中国——民族と愛国心の問題について」『続歴史と民族の発見』東京大学出版会、一九五三年二月、三二八ページ）。しかし朝鮮史研究の先達である旗田巍《たかし》は、石母田とは反対に、秋水が同上新聞の第三二号（一九〇四年六月）に書いた「敬愛なる朝鮮」を列挙して、「秋水の場合において、日本と朝鮮との連帯がはじめて可能になった」と評価した（『日本人の朝鮮観』勁草書房、一九六九年九月、四四ページ）。幸徳秋水をめぐる戦後の歴史家たちのこのような相対立する評価をめぐって、水野直樹「日本の社会主義者と朝鮮」（『歴史評論』一九八〇年八月）、同「弁護士・布施辰治と朝鮮」（『季刊三千里』一九八三年五月）、石坂浩一「社会主義者の朝鮮観」（同号）、西重信「幸徳秋水の朝鮮観」（同誌十七号、一九七九年二月）等がある。私自身も幸徳が『万朝報《よろずちょうほう》』に書いた「如何《いか》にして今日の東洋に処すべきか」（一八九八年三月十九日）、「在野の外交論」（同、一八九八年五月十四日）、「朝鮮の動乱と日本」（同、一九〇〇年八月二十三日、無署名）、「朝鮮併呑論を評す」（週刊『平民新聞』一九〇四年七月十七日）等は、自由民権左派の大井憲太《おおいけんた》郎《ろう》と同似の思想ではないかと考えている。幸徳のアイヌや北海道にたいする蔑視観がこの時期に見られることが、彼の朝鮮観とも相い通ずるのではないかと思っている。幸徳秋水の同志で、創立当初の非合法日本共産党の最高指導者となり、「社会主義運動の父」ともいわれている堺《さかい》利彦《としひこ》の思想も、この面から検討される必要があろう。

自由主義的人道主義者の朝鮮観

さらに社会主義者ではないが、「朝鮮人虐殺事件に就いて」（『中央公論』一九二三年十一月）を書き、「犠牲者に対する救恤《きゅうじゅつ》ないし賠償」をすることが「我々の道徳的義務と信ずる」と明言した吉野作造（松尾尊兊《たかよし》編『中国・朝鮮編』東洋文庫一六一、平凡社、一九七〇年四月、三〇三ページ。岩波書店から刊行されている『吉野作造選集』七・八・九巻参照）や、亀戸事件や大杉事件に対して「ただ社会主義者を単純に国家の毒害と見なして、今回の大震災に乗じて葬ってしまえということではなかったのか」と当時の日記に書いている木佐木《きさき》勝《まさる》（『木佐木日記』第一巻参照、現代史出版会、一九七六年四月）などの「反帝国主義的民主主義者」や「正に日本にとっての兄弟である朝鮮は日本の奴隷であってはならぬ。それは朝鮮の不名誉であるよりも、日本にとって恥辱である」と『朝鮮の友に贈る書』に書き、「日本帝国主義の滅亡を見透し」ていた柳《やなぎ》宗悦《むねよし》（鶴見俊輔著『柳宗悦』平凡社、一九七六年十月、一七五ページ）などの

「非社会主義的人道主義者」の思想史研究も重視すべきではないかと私は考えている。

また私は、一九九六年八月三十一日から九月八日に、関東大震災で軍隊から謀殺された中国人留学生であった王希天《おうきてん》生誕百周年訪中国（団長・山住正巳当時東京都立大学総長、秘書長・仁木ふみ子氏ら）に参加して、王希天の生誕地である長春に烈士として祭られた陵墓開幕式典と記念館開館の国家的式典に参列することができた。この後王希天研究国際学術討論会において、私は日本側の一人として研究報告をした。この王希天生誕百周年集会に参加し、キリスト教徒であった王希天が二十七歳で軍隊に虐殺されるにいたる思想的系譜を私は学んだ。王希天に最も思想的影響を与えた人物が賀川豊彦《かがわとよひこ》であったこと、大島《おおじま》町で中国人労働者のため活動していた時に山室軍平の救世軍の仲間たちとも交流があったことを知った。当時のキリスト教徒の関東大震災時の役割は今後大いに研究しなければならないと思っている。また平沢計七と王希天が恐らく大島町で出会ってい

図4　王希天

ただろうと私は推測している。この点もさらに調査する必要があろう。

この訪中の際に私たちに寄贈された『王希天記念文集』『王希天研究文集』『王希天档案史料選編』（長春出版社、一九九六年）がある。この三冊はぜひ翻訳書が出版されるようのぞんでいる。この八十周年を機会に、中国人虐殺事件についても、本格的な史料集刊行とこの事件の研究がいっそう進展することを期待している。そのためにも、日本・韓国・朝鮮・中国などの国際的な研究体制の実現が切望される。

流言蜚語をめぐって

警視庁が編集した『大正大震火災誌』（大正十四年七月刊行・非売品）から九月一日〜三日間の流言蜚語の伝播状況を時系列にしたがって並べ替えてみた（月日・時間・警察署・内容の順）。

伝播の状況

九月一日

外神田。管内に伝播。同日薄暮自ら本署に保護を求め、あるいは検束する者「支那人《ママ》」十一名、朝鮮人四名、内地人五名収容（当時日本本土を内地、朝鮮・台湾などの植民地を外地と呼称した。内地人は本土に居住している日本人の意味。「」は引用者―松尾注）。凶器を持つ民衆の行動往々にして看過すべからざるものあり。

巣鴨。「鮮人」は東京市の全滅を期して爆弾を投ぜるのみならず、毒薬を使用して殺害を企つ。
午後四時・渋谷。管内に接近せる芝区三田三光町衛生材料廠の火災はこれと隣接せる陸軍火薬庫に及ばんとす。もし爆発すると一方里は惨害を被《こう》むるので速やかに避難せよ。宮沢署長が署員を偵察させたところまったくその心配のないことを確認。
午後四時・王子。突如として「鮮人」放火の流言管内に起こる。
午後六時頃・芝愛宕。「鮮人」襲来の流言管内に伝わり、同時に警視庁の命により制・私服の警戒隊員芝園橋・芝公園その他の要所を警戒せしが、事なきをもって七時解除。
午後八時・小松川。「鮮人」暴行の流言管内に伝わり、同時に「鮮人」にたいする迫害開始。三日、本署に収容せる「鮮人」四百名。
このほかに、淀橋戸塚・午後六時四十分頃もあるが、紙数の都合で省略し、警察署と時間のみをあげておく。日本橋・午後二時。以下同。
九月二日・巣鴨。放火の現行犯なりと「鮮人」を同行する者あり。毒薬を井戸に投じた者を逮捕する者あり。社会主義者が帝都の混乱に乗じ電車の車庫を焼毀《しょうき》せんとの計画ありとの報告に接し、本署は非番員の全部を六小隊に分け、巣鴨・西巣鴨・高田の各町役場・池袋警備派出所・高田水久保三栄活動写真館その他一ケ所に配置して警戒にあたる。高等係に命じて社会主義者および要注意「鮮人」を監督せり。自警団の暴行は甚し。

四時頃・日本橋久松。「鮮人」暴行の流言。自警団の跋扈《ばっこ》。

四時頃・渋谷。「鮮人」約二千余名世田谷管内にて暴行をなし管内に来らんとす。

王子。毒薬の散布・爆弾の投擲《とうてき》・殺人・略奪等あらゆる暴行の状態を伝えたり。二日深更までに自警団員凶器を携えて「鮮人」を逮捕し、本署に百余名を同行。署員の戒諭に反抗し、今や警察力は不備の状態にあるので、自衛上「不逞《ふてい》鮮人」の逮捕をなすのみ。しかるにこれを咎《とが》めるはなんぞやと云い従わず。

芝愛宕。蜚語益々盛んにして放火・爆弾・毒薬等の説紛々《ふんぷん》として起こる。芝公園の避難者をはじめ戎《じゅう》・凶器を携えて自衛する者多く、ついに暴行に及ぶ者あり。夜品川方面より管内に来れる某は「鮮人」と誤解され自警団員に包囲され危急に陥ったので、署員これを保護しようとしてかえって団員の激怒を買い重傷を負う。ついに武器の使用によりようやくその目的を達せるがごとき事変をも生ぜしかば、その取締を厳にする必要をみたり。

午後・板橋。「鮮人」暴行の蜚語もっとも盛んにして、民心これがために攪乱せられ、自警団の勃興を促《うなが》す。本署は「鮮人」に外出の中止をすすめたが、民衆が住宅を襲撃したため十余名を本署に保護した。

四時半・芝高輪。「不逞鮮人」等大挙して大崎方面より襲来せんとす。五時頃・小林某は「鮮人」と誤解され白金台町にて群集のためまさに危害を加えられんとするを「鮮人」にあらざると戒諭して救護。

六時半頃・同。大崎署管内戸越巡査派出所付近の空家内に群集の迫害を受けた七名の「鮮人」が蟄伏《ちっぷく》せるを発見。検束して保護せしが、たまたま品川駅長の警告なりとして、『社会主義者と「不逞鮮人」とは相共謀して井戸に毒薬を投入せり』、と伝えるものあり。さらに警戒を厳にするとともに「鮮人」の動静を監視せしが、いずれも誤伝なること明らかとなり、その旨を宣伝して民衆の反省を促す。

午後四時頃・日本橋久松。「鮮人」暴行の流言、自警団の跋扈。

午後四時頃・渋谷。「鮮人」約二千余名世田谷管内にて暴行をなし管内に来たらんとす。

午後五時頃・芝三田。『「鮮人」三千余名横浜方面にて放火・略奪の後、蒲田・大森を騒がして帝都に入らんとす』、との流言蜚語各所に流布せられ、自警団の粗暴なる行動を見るにいたれり。本署は未だ事の真相を詳《つまびらか》にせず。一時警戒を厳にしたれど流言に過ぎざるを知り、その信ぜざるべからざる所以《ゆえん》を宣伝して民衆の疑惑を解かんとしたりしが、容易に耳を傾けざるのみならず凶暴さらに甚だし。

午後六時・神田錦町。警視庁に応援の本署員、日比谷公園に出動し流言を知る。

午後七時頃・神田西神田。「鮮人」暴挙の流言。本署保護のため数十名検束。九月八日、習志野収容所に引き渡す。

午後七時頃・千住。『「不逞鮮人」約三百名すでに千住を襲い、勢力に乗じて管内を襲わんとす』、との流言あり。署員をして千住大橋及び千住駅構内火薬積載貨車を警戒せしめたりしが、ついその事なし。しかれども民衆の興奮甚だしく、自警団の「鮮人」に対する迫害起こり、殺気管内にみなぎり、三日には千住町に於て「鮮人」一名及びこれを保護せる内地人に重傷を負わしめ、西新井村字《あざ》興野に於ては殺人事件あり。南綾瀬村字柳原なる「鮮人」の住宅を襲撃して七名を殺害し、千住町に於ても一名に瀕死の重傷を負わしめしのみならず、江北村鹿沼に於ては「鮮人」と誤認して一名の老婆を殴打死にいたらしめたり。

夕・麹町日比谷。管内に伝わる「鮮人」迫害挙げて数うべからず。六十名本署と仮事務所に保護。

七時頃・亀戸。『「鮮人」数百名管内に侵入し、強盗・強姦・殺戮等暴行至らざるところなし』、との流言。同時に、小松川方面において警鐘を乱打して非常を報ずるあり。事変の発生せるものの如くなれば、古森署長は軍隊の援助をもとむるとともに、署員を二分して一隊となし、平井橋方面に出動せしめ、みずから他の一隊を率いて吾嬬町多宮原に向かうと、多宮原に避難せる凡《およ》そ二万の民衆は流言に驚いて悉《ことごと》く結束して「鮮人」を索《もと》むるに余念なく、闘争・殺傷所在に行われて騒擾の衢《ちまた》と化したれども、ついに「鮮人」暴行の形跡を認めず、付近を物色し「鮮人」二百五十名を収容して調査するに得るところなし。しかして民衆の行動は次第に過激となり、警察官・軍人に対してまで誰何《すいか》訊問を試み暴挙に出んとせり。然るに「鮮人」暴行説が流言に過ぎざること漸《ようや》く明らかになりたれば、同三日以来その旨を一般民衆に宣伝せしも肯定する者なく、自警団の凶暴はさらに甚だしく、「鮮人」の保護収容に従事していた巡査に瀕死の重傷を負わしめ、また砂村の自警団員中の数名の如きは、良民に対して迫害を加えたる際、巡査の制止せるを憤り巡査を傷付けたので逮捕すると、署内の留置場に於て喧騒をきわめ、さらに鎮撫の軍隊にも反抗して刺殺されたり。是《ここ》において本署は各自警団の幹部を招集して厳戒を加え、かつ戎・凶器の携帯を厳禁するに及び、稍々《やや》一般民衆の反省を促すを得たれども、震災以来人心動揺の虚に乗じ、或いは暴行を敢えてし、或いは不穏の挙に出るものなきにあらず。亀戸町柳島新地の某は平素より十数名の子分を養いしが、是日凶器を携えて徘徊せるをもって、本署巡査が制止するや直ちに抜刀して切りかかったので、同巡査もやむを得ず正当防衛の手段としてこれを斬殺せり。かつ流言蜚語を放ちて人心を攪乱し、革命歌を高唱して不穏の行動ありしがため、九月三日検束せる共産主義者数名も是日留置場に於て騒擾し、鎮撫の軍隊に殺されたるが如き（**亀戸事件**―松尾注）、以て当時管内の情勢を察するに足らん。しかして物情漸く鎮定するを待ちて自警団の犯罪捜査に従事し、十月以来その検挙に着手せり。

午後七時頃・府中田無。「鮮人」襲来の流言伝わるに及び、民衆の憤激漸く甚しく、「鮮人」に対する迫害はいたるところに演ぜられしかば、当署は「鮮人」をして任意にその外出を中止せしむるとともに、流言について調査せしもその事実を認めず、三日以来人心の動揺益々甚だしく、警鐘を乱打して非常を報じ、或いは凶器を携えて通行人を誰何《すいか》審問するのみならず、『「鮮人」の一群が吉祥寺巡査駐在所を襲えり』、『八王子方面より三百人の「鮮人」団体将《まさ》に管内に襲来せんとす』、などの蜚語盛んにして騒擾を極め、本署が「鮮人」を保護するを見ては暴徒に与《くみ》する者なりとて警察に反抗し、甚だしきは署長を暗殺すべしと称する者あるにいたれり。ここにおいて、当署はその誤解なるを説いて民衆の反省を促し、自警団に対する取締を励行するとともに、町・村自治団体と協力して鎮撫に努めたる結果、五日頃より漸次平穏となれり。

この他に、下谷、南千住、淀橋、四ツ谷（午前）、小石川（午前五時）、牛込神楽坂（午前十時）、牛込早稲田（午前十時）、小石川大塚（正午頃）、浅草七軒町（正午）、本郷本富士（午後二時頃）、本郷駒込（午後二時頃）、府中（午後二時頃）、品川大崎（午後二時頃）、八王子（午後四時頃）、大森（午後四時頃）、赤坂青山（午後四時頃）、浅草象潟（午後四時頃）、田谷（午後四時半頃）、浅草南元町（夕）、本所向島（夕）、麻布六本木（午後五時）、青梅（午後五時頃）、南千住日暮里（午後八時頃）、赤坂表町（七時頃）、深川西平野（八時頃）、中野（午後十時頃）。

九月三日

王子。戎・凶器の携帯・交通遮断・流言の流布等厳禁の旨自警団に通告。自警団の名をかり不良の行動に出る者あり。尾久町方面の「土工《どこう》」親分二十名は二日以来南足立郡江北村西新井村の農家十四戸より食料品を強奪、或いは物資配給所を襲撃、殺人等純然たる暴徒なりしを三日検挙。秋田県人某「鮮人」と誤認せられ、田端自警団員に危害を加えられんとするを救助。府下寺島村の職工某等六連発銃と槍を携えて王子町字下十条を徘徊中同地の自警団と衝突し大乱闘。

芝愛宕。警視庁の指示で即夜、民衆の武器を押収、領置せるもの数百に達した。

中野。三日から四日に署長みずから署員六十名を率い、夜半に三台の自動車で自警団の集合地を歴訪して多数の戎・凶器を押収。

神田錦町。管内で井水に毒物を散布の疑い。

麴町。管内自衛警戒中の一青年、「不逞鮮人」と誤認して通行の同胞を殺害・逮捕。管内の朝鮮督学部に避難する百余名を保護。

午後六時・日本橋堀留。不逞の徒各所に於て焼け残れる金庫を破壊し略奪。

午前十時半頃・京橋月島。「鮮人」等爆弾を携帯して放火・破壊・殺害・略奪等を行い、また毒薬を井戸に投ずる者あり、軍隊約三十名、逮捕のため管内に来れりと称して、民衆が「鮮人」が携えていた爆弾を収拾したと本署に持参。爆弾を鑑定すると唐辛子の粉末であった。午後一時五十分頃、歩兵第一聯隊より特派された小沢見習士官の一隊が朝鮮人検束に来る。住民による朝鮮人迫害の惨事起きる。ここにおいて当署は朝鮮人を検束、警視庁に護送。
他に、巣鴨、芝愛宕、板橋、下谷坂本、麻布鳥居坂（夕）。

その内容

松尾監修『関東大震災政府陸海軍関係史料』第I巻所収の『戒厳令ニ関スル研究』所収の「流言発生ニ対スル警戒措置」には、朝鮮人（注─前述したように文書にはすべて「鮮人」と記している。不逞鮮人という表現は歴史的呼称なので、「」をつけておく）に関して、つぎのように記述している。

九月一日午後一時頃〜同三時頃社会主義者及「鮮人」ノ放火多シ。同二日午前十時〜午後七時頃「不逞鮮人」ノ来襲アルベシ。昨日ノ火災ハ多ク「不逞鮮人」ノ放火又ハ爆弾ノ投擲《とうてき》ニ依ルモノナリ（注─この記述の上欄に「鮮人問題漸次深刻化ス」と書き込みがある）。「鮮人」中ノ暴徒某神社ニ潜伏セリ。「鮮人」約二百名神奈川県寺尾山方面ノ部落ニ於テ殺傷、略奪、放火等ヲ恣《ほしいまま》ニシ漸次東京方面ニ襲来シツツアリ。

「鮮人」約三千名既ニ多摩川ヲ渉リテ、洗足村及中延付近ニ来襲シ、今ヤ住民ト闘争中ナリ。横浜ノ大火ハ概ネ「鮮人」ノ放火ニ原因セリ。彼等ハ団結シテ到ル所ニ略奪ヲ行ヒ、婦女ヲ辱《はずか》シメ、残存建物ヲ焼毀《しょうき》セントスル等暴虐甚シ。横浜方面ヨリ来襲セル「鮮人」ノ数ハ約二千名ニシテ銃砲刀剣ヲ携行シ、既ニ六郷ノ鉄橋ヲ渡レリ。軍隊ハ六郷河畔ニ機関銃ヲ備ヘ、「鮮人」ノ入京ヲ遮断セントシ、在郷軍人、青年団員等出動シテ軍隊ニ応援セリ。横浜方面ヨリ東京ニ向ヘル「鮮人」ハ、六郷河畔ニ於テ軍隊ノ阻止スルトコロナリ、転ジテ矢口方面ニ向ヘリ。大塚火薬庫襲撃ヲ目的トスル「鮮人」ハ今ヤ其ノ付近ニ密集セントス。「鮮人」原町田ニ来襲シテ青年団ト闘争中ナリ。原町田ヲ襲ヘル「鮮人」二百名ハ更ニ相原、片倉ノ両村ヲ侵シ農家ヲ掠《かす》メ、婦女ヲ殺害セリ。「鮮人」目黒火薬庫ヲ襲ヘリ。「鮮人」鶴見方面ニテ婦女ヲ殺害セリ。

（以下省略）

このような記述の最後に、「流言ハ日時ノ経過ニ伴ヒ漸次悪質化セリ」「流言ノ為、人心ハ頓《とみ》ニ動揺シ遂ニ『鮮人』ニ対スル極端ナル憎悪トナリ之ニ対抗スル為、武器ヲ執リテ自衛シ甚ダシキハ『不逞鮮人』中警察官ノ服装ヲ為スモノアリトノ流言ニ迷ヒ制服ノ警察官、軍人ヲ道ニ塞シテ逮捕尋問スルノ暴行ヲ敢テスルモノ出ヅルニ至ル」と書かれている。

流言の原因

つぎに「流言ノ原因」の「遠因」として、「日韓合併条約」に不満を抱いた「不逞鮮人」の行動は、伊藤博文の遭難をはじめ爾後枚挙《じごまいきょ》に遑《いとま》ない破壊行動等、国内民心に自戒の情を強めしめた当時の大天災なるをもって、朝鮮人暴動に杞憂《きゆう》を抱いた民衆が直覚的に其の実現を恐れたことによるとし、「近因」として、東京・横浜在住の朝鮮人労働者が震災で衣食住に欠乏し、これに加えて職業を失うという窮地に陥ったからだという。そのために活路を東京に求めて上京途中、飢餓に迫って食を求め、物資の購入をうけようとしても容易でなく、救済を仰《あお》ごうにも言語が通ぜず、窮余の策として鼠盗《そとう》を働き、略奪する者等極めて軽微なる盗犯を敢行した。異状の変事の際であったので、一般民衆はこれを見て平素の杞憂が実現されるのではないかと不安に陥り、疑心暗鬼の裡《うち》に「鮮人暴動」の予言が生じた。このようにして流言蜚語が発生するや、朝鮮人が一般民衆の迫害を恐れて、同僚を誘引して四方に遁走したり、あるいは警視庁や警察署に来て保護をもとめようとした。こうした光景を見た民衆は、朝鮮人の来襲だと誤信し、戎《じゅう》・凶器を執って追撃するに及ぶと、朝鮮人もまたやむを得ず抵抗して闘争になったものがあり、流言の一部が事実を醸成してますます民心を興奮させた、と説明している。

流言は事実無根

つぎに「流言ト事実」にはつぎのように書かれている。大震とともに東京市内は、避難者その他の来往雑閙《ざっとう》をきわめ形勢異状なるに加えて、内地人と朝鮮人の区別が困難になったため、言語不明瞭なものは朝鮮人とみなし、集団をなした避難民を見て「不逞鮮人」の団体だと速断し、朝鮮人労働者が雇主に引率されて作業場に赴くのを朝鮮人団体の来襲と誤信したような例が少なくなかった。民衆の誤解・錯覚は実に甚だしく、その実例はつぎのようであった。

九月二日午後三時頃自警団員が駒込警察署に同行した爆弾・毒薬所持の朝鮮人を調査の結果、爆弾はパイナップルの缶詰、毒薬と見られたのは砂糖だった。同日午後六時頃品川署は管内の仙台坂方面に約二〇〇名の朝鮮人が白刃をかざして略奪しているという情報に接して即時これを取り調べたところ、七名の朝鮮人が横浜方面から避難上京の途中、自警団の重囲に陥って争闘し混乱の状を呈していたため、自他の区別が明らかでなく一部を「不逞鮮人」団なりとし、さらに白刃略奪の流言をつくったことが判明した。市部各所に朝鮮人が暴行・襲撃・放火の計画を同志に示す暗号ありとの情報が頻りなので各署で調査したところ、肥料汲取人、新聞・牛乳配達人等が得意先の目標として各横丁の路頭、角などに白墨で記した記憶の符号であったことが判明した。同月二日午後九時頃、麻中署管内西府中村河原の朝鮮人労働者を使役する土木請負人某が、京王電車笹塚車庫の修理に朝鮮人一八名を貨物自動車に乗せて甲州街道を進行中、自警団七、八十名は朝鮮人の襲来と誤認し、自動車から引きずり降ろして暴行を加えて多数の負傷者を出す惨事を生じた。同日夕刻に毒薬流布の説が伝わると、井水・菓子の鑑定を各署に申請する者が続出した。無根の事柄なので鑑定の結果は明らかなるにかかわらず、同日午後二時頃毒薬を投入された井戸水だと清水一ポンド入り瓶を持参した者がいた。早稲田署長は本人の面前でこの水を飲んで、流言の信ずるにたらないことを証明した。

以上の記述の最後に、「流言ノ事実無根ナル如《かくのごとし》斯ト雖《いえど》モ非常災変ニ際スル群集心理作用ノ治安ニ及ス関係及流言蜚語ノ悪影響ハ戦慄スベキモノアルヲ知ル」と結んでいる。

このように、今日からみれば実に馬鹿馬鹿しいかぎりの流言に民衆は恐《おそ》れ慄《おのの》き、その結果まったく罪のない多数の朝鮮人・中国人が無残にも大量虐殺されたのであった。また上の記録にもあるように、「言語不明瞭」のために日本人も多数殺害されたのであった。流言蜚語とは所詮このようなものなのかもしれないが、それにしても上記の内容はあまりにも具体的であることが、私には気になって仕方がない。大災害時に自然発生的に民衆のあいだに発生したものなのだろうか。それとも、この文書にある「遠因」を、当時もっとも痛切に実感していたのは一般民衆ではなくて、「三・一独立闘争」を現場で直接弾圧した水野内務大臣、赤池警視総監をはじめとする天皇制内務官僚ではなかったのではないか。また当時朝鮮軍に所属していた軍人たち（震災にあわなくてもこの事件のことは聞いていたことは想像される）ではなかったろうか。流言蜚語の発生源については、もっと史料にもとづいて慎重に検討しなければならない。

官憲側の宣伝

しかしながら、『関東戒厳司令部詳報』（松尾監修『関東大震災政府陸海軍関係史料』第Ⅱ巻『陸軍関係史料』所載）には、「鮮人ノ暴行ニ関スル流言ハ因《もと》ヨリ群集心理カ針小棒大ニ誤伝セシニ因《よ》ルト雖事実一部ノ鮮人中ニハ之ヲ敢行シタル者アルコト確実ナリ」「又警官ト民衆トノ衝突ハ主トシテ興奮セル民衆カ統制節度ヲ欠キタルニ因ルト雖裏面ニ於テ一部不逞《ふてい》ノ徒《と》カ之ヲ煽揚シ警察権ヲ紊乱シ」（『陸軍震災資料』第十）と記述されていることは軽視できない。民衆には事実無根の流言であると公表しながら（九月七日付『関東戒厳司令部情報』第三号には「毒物混入ノ噂ハ無根」とある）、裏面ではこうした宣伝を流布し、「不逞鮮人」「主義者」を敵視することにより、軍部・内務官僚の政治的意図（国家総力戦体制づくりとそのための治安体制）を推進しようとしたのではなかったのか。いわゆる「鮮人さわぎ」が全国の新聞にどのように報道されたかは、上述の私の仮説を証明する重要な手がかりとなると思うし、またこの大震災を境にその後の日本人の対朝鮮人観を示すものであると考えるので、地方の新聞から一例だけ紹介しておきたい。『会津日報』（大正十二年十月二十四日付）に「猫かぶり鮮人大に注意」という見出しで、つぎのように報道されている。

理屈や議論は如何《いか》にコネても大天災の機に乗じて爆弾放火殺人毒薬投水などのあらゆる大犯罪を敢行した鮮人や主義者に同情することはできぬ帝都を原野となし幾百億の物資を烏有《うゆう》に帰せしめ幾十万の人を殺した彼れ等には一滴の涙のないのみか如何に処置してやつても胸を晴らす手段はない鮮人暴動の記事解禁のために発表された顚末を見るに大天災に乗じてあらゆる暴行を働き姓名不詳の鮮人にして帝都を脱走せるもの沢山あるコレら不逞の鮮人は地方に潜伏し巧言令色猫をかぶつて犯罪を免れんとするもの沢山あらう当市に入りし者にして当時帝都に居らずその嫌疑を免れんと計り種々苦心しつゝある者なきにあらず彼れ等は深き禍心を蔵するものなればウカと乗せられ却《かえっ》て侮りを増長せしめざるが肝要のみならずその罪跡を精査し相当処分をなすべきであると或る慷慨家は談じてゐた（野田公子編「会津日報新聞集成　関東大震災(下)」『民衆史研究』第八号、一九八四年十二月）。

この新聞記事には「朝鮮人暴動」の記事は多く出ているが、朝鮮人虐殺の報道はまったくなく、無事に収容した記事しか出ていない（九月十七日現在、習志野廠舎に中国人一六七八人、朝鮮人三〇七五人、九月二十八日付記事には、朝鮮人三〇七〇人、中国人八六九〇人、日本人九二〇人、『関東戒厳司令部情報』第二一号の九月十七日付には、千葉県司令部または戒厳司令部を経由せず習志野廠舎に収容している中国人・朝鮮人と直接接触することを禁止し、今後は戒厳司令部→千葉警備隊司令部の順序を経ること。但し特に上京が不便の場合は直接千葉警備隊司令部に申し出てもかまわないとの交渉手続きが発表された。国立公文書館所蔵『大正十二年関東大震災関係書類』特殊資料第七類には、九月四日の閣議決定により千葉県習志野および下志津野演習廠舎に一万五〇〇〇人を収容することが決定されていた）。

既にこの時期には、「朝鮮人暴動」が事実無根の流言蜚語であることが公式に発表されていたにもかかわらず、このような記事の掲載が許されていたことにも、上述した国家権力の意図と国民への世論操作があったのではないかと思う。当時会津からも在郷軍人会や青年団員が労力奉仕団として上京していたし、若松歩兵第六十五聯隊歩兵二箇大隊（井上聯隊長以下約七〇〇名）は九月五日未明着京し、東京・八王子などで運搬整理（死体をビール箱に二体ずつ詰めて郊外で焼いた）や警備にあたった（十月十日帰隊）。ことに同衛生隊は、九月二十日に帰隊するまで東京・神奈川で活動していたので現地の状況はつぶさに知っていたはずである。一つだけ注目すべき記事がある。九月十二日払暁北豊島郡尾久村で歩兵第五十聯隊の歩哨に立っていた二等卒の前を通過しようとした者を誰何《すいか》すると突然駆けだしたので、「当然の処置」として発砲したため、右肩骨貫通で死んだ。検死の結果、伍長の同班長が、この二等卒が初年兵だったので勤務ぶりをためそうとしてわざと駆け出したことが判り、この兵隊は営倉に収監されたという。この記事が真実なのかはわかりかねるが、当時の戒厳令下でこのような事態は容易に起こりえたことは想像できる。このようにして殺された朝鮮人・中国人、そして日本人もいたのではなかったろうか。

右翼の宣伝

朝鮮人・中国人大虐殺の口実となった「朝鮮人が放火している」「朝鮮人が暴動をおこしている」「朝鮮人が井戸に毒をいれた」「朝鮮人が党を組んで窃盗をはじめた」などといった流言蜚語が、まったく事実無根のデマであったことは、政府・軍隊・官憲側も九月四日以降公式に発表した。しかし、上出の『関東大震災政府陸海軍関係史料』の第Ⅰ巻『政府・戒厳令関係史料』所収の黒竜会主幹内田良平の「震災善後ノ倫理ニ就テ」に書かれているように、右翼はあくまでも事実だと主張している。

「都市住民は当時、すでに充分に近代化され合理化されていたと思われるにもかかわらず、その社会が揺るがせられた途端に、江戸の町内組織が突如出現し、日本版の『魔女狩り』が行われ、共同体維持のスケープゴートとして、朝鮮人が選ばれ、生贄《いけにえ》にされたのである」「依然として、国民のあいだに、被圧迫民族としての朝鮮人への差別意識が、危機に際して強化された事実」の良い例がこの大虐殺事件であったという説明（南博・佐藤健二編『近代庶民生活誌』第四巻、流言、三一書房、一九八五年二月）は、この時の流言蜚語が発生した事情をあますところなく分析している。

しかしながら、こうした流言蜚語が、いつ、どこで、だれが最初に流したのかは、現在もなお確実な証拠を見いだせずにさまざまな説が出されている。

出所の三説

大別して三説ある。一説は支配権力説（警視総監・赤池濃《あつし》と警視庁官房主事・正力松太郎などが内務大臣・水野錬太郎を通じて枢密顧問官をへて天皇に戒厳令を裁可させた。しかし、事実は正式の手続きをへてなかったことは前述したとおりである）。第二は支配権力と民衆同時説。第三は民衆自然発生説である。山田昭次は、前掲論文「関東大震災と朝鮮人虐殺」や「関東大震災期朝鮮人暴動流言をめぐる地方新聞と民衆」（『「朝鮮問題」学習・研究シリーズ』一九八二年二月）で史料を詳細に検討しながら、こうした研究をふまえての要約といえる「関東大震災――朝鮮人暴動説はどこから出たか」（歴史教育者協議会編『一〇〇問一〇〇答日本の歴史』河出書房新社、一九八八年七月）の中で、つぎのように書いている。

流言の発生源については、朝鮮人差別観をもっていた民衆とする松尾尊兊氏の説と、権力が予断に基づいて流布したとみる姜徳相氏や斎藤秀夫氏の説がある。だれが最初のデマを流したか、これを確証する記録は今日まで発見されていない。だが、私は権力の臭いを強く感ずる。なぜならば、権力が権力の流言散布の責任を明らかにしようとする動きを徹底的に抑圧し、かつデマの温存に努めたからである（中略）朝鮮人暴動説がまったくデマであることが判明したのちも、官憲はデマを維持することに努めた（三〇六〜三〇七ページ）。

この山田の説に私も近い。本書に紹介した史料からも、山田説を裏づけていると思えるからである（前掲『関東大震災政府陸海軍関係史料』第Ⅱ巻『陸軍関係史料』の坂本昇解題を参照）。

デマの元凶　歴史教育者協議会編『知っておきたい韓国・朝鮮』は、「大量虐殺の責任は軍隊」であると明確に述べている。戒厳令が出された時の内務大臣水野錬太郎は三・一独立運動時の朝鮮総督府政務監であり、千葉県船橋の海軍送信所から発信連絡された後藤文夫内務省警保局長から各地方長官宛の電報の内容（「東京付近ノ震災ヲ利用シ、朝鮮人ハ各地ニ放火シ、不逞ノ目的ヲ遂行セントシ、現ニ東京市内ニ於テ爆弾ヲ所持シ、石油ヲ注ギテ放火スルモノアリ。既ニ東京府下ニハ一部戒厳令ヲ施行シタルガ故ニ、各地ニ於テ充分周密ナル視察ヲ加へ、鮮人ノ行動ニ対シテハ厳密ナル取締ヲ加ヘラレタシ」）をあげて、「軍隊によって『流言』は事実と断定」されたという。こうした流言によって朝鮮人を検束した警察の最高責任者である警視総監・赤池濃も水野と同様に三・一独立運動時の朝鮮総督府警務局長であった、と指摘している（青木書店、一九九二年五月、一〇五～一〇七ページ）。しばしば引用させてもらっている大江志乃夫著『戒厳令』にも、「デマの元凶」の中で、赤池・正力・水野が戒厳令を決意した「主たる動機はもはや朝鮮人制圧にあった」と書かれている（一三一ページ）。

発生の日時

ここで指摘しておかなければならないもう一つの重要な点は、流言発生の日時である。前述した千葉県船橋の海軍送信所からの発信が、官憲側から流言がでたという有力な証拠とされているが、それは九月一日午後四時半頃とされている。『関東大震災政府陸海軍関係史料』第Ⅰ巻所収の『戒厳令ニ関スル研究』には「九月一日午後一時頃以来流言蜚語四方ニ伝播シ驚クベキ速度ヲ以テ拡大セリ」（五七五ページ）と書かれている。

私たちが五十周年に出版した前掲『歴史の真実　関東大震災と朝鮮人虐殺』で斎藤秀夫は、「『社会主義者と朝鮮人の放火』云々の流言が確認できるのは、一日午後三時警視庁本庁が最初である。（中略）警視庁、および神奈川県警察部が、朝鮮人全員の保護検束を指示するのは、二日午後三時のことであるが、それ以前に、東京では、さきにあげた『伝播』をみても明らかであるように、芝愛宕、外神田、小松川、巣鴨をはじめ、牛込神楽坂、牛込早稲田、淀橋、小石川、大塚、淀橋戸塚、本郷本富士、本郷駒込、品川、小石川富坂などの各署が、流言の捕捉と、朝鮮人の検束、迫害の事実を報告している。また王子、四谷、府中、の各署は、流言の捕捉のみを報告している。朝鮮人への保護検束が二日午後三時以前に皆無であったか否かは明らかでない。一方、神奈川県下の内、横浜市内各署は、二日午後二時以降、午後四時ごろまでに、神奈川署、戸塚署のみが、保護検束の事実を伝えているが、川崎署の例からみても、各署に保護検束の事実がなかったとはいえない」（六三〜六四ページ）と述べ、「大地震があろうがなかろうが、九月一日午後には、要視察人（社会主義者や朝鮮人など―松尾注）に対する検束が予定されていた」（四三ページ）と注目すべき仮説を述べている。さらに「九月一日午後四時半ごろ、早くも警視庁は臨時警戒本部の編成を完了、あらゆる伝達手段を用いて、一〜二時間のうちに府下全警察署に対し、

『適宜適切の処置をなすよう指示』（『警視庁史・大正篇』）した」（三四ページ）、「とうてい一般民衆の間に自然発生すべき性格のものではなかったことが明らか」（三六ページ）と松尾尊兊説を否定し、「流言発生は権力の周辺地域」で（四〇ページ）、「決定的な軍、官憲による流言流布は、三日午前二時」（四八ページ）であり、「軍こそは、虐殺の主体であったといってよい」（六七ページ）と明言している。

作家の吉村昭著『関東大震災』（文芸春秋・文庫版、一九七七年刊）には朝鮮人来襲の流言は、政府、警察関係者に「事実として解釈」され、「全く根拠のない流言が民衆の間に流布され、それが取締に当るべき部門にも事実と信じられるにいたったのだ」と記述されている（一五四ページ）。吉村は、横浜から発生した流言は三つのコース（川崎町を経由して六郷川を渡り蒲田町、大森町から東京市品川方面へ、二つ目は鶴見町、御幸村、中原町を東上して丸子渡船場を越え、調布村、大崎町を経て東京市内へ入った。三つ目は横浜市近郊の神奈川町から西進して長津田村に達し、東北方向に進んで二子渡船場を渡り、玉川村から世田谷町と三軒茶屋、渋谷町方面に二分してそれぞれ東京市内に入った）から東京へ波及したと書いている（同上書一三九ページ）。九月一日午後七時頃に横浜市本牧町付近で起こった「朝鮮人放火」に関する流言は、立憲労働党総理山口正憲を首謀者とする「集団強盗事件」、山口を団長とする横浜震災救護団の活動が、すべて朝鮮人の行為と誤解されたものであるとも述べている（『関東大震災』一三二〜一三六ページ）。しかしこの事実は正確ではなく（後述するように山口正憲は裁判で証拠なしとして釈放されている）、「三つのコース」も出典が明記されていないので信憑性に乏しいが、興味深く記述されているので参考までに紹介しておく。

神奈川県警察部が本元

「反権力の奇人」といわれた宮武外骨《みやたけがいこつ》は、『震災画報』（第六冊、一九二四年一月二十五日）に「流言浮説に就て」というつぎのような記事を載せている。「流言浮説の本家本元であつたらしい其筋から、九月六日、関東戒厳司令部の命として左の如き印刷物を廻付した」と「流言蜚語ニ迷ハサルル勿《なか》レ」を全文を掲載し、つぎのように書いている。

「これは御尤《ごもつとも》の注意書であるが、此朝鮮人の凶暴といふ事は神奈川県警察部が本元らしいとの説がある、又陸軍大尉某の談として或人から著者への報告に『当時流言蜚語盛んに行はれ、これが取締をなすべき当局さへ狼狽した滑稽談がある、それは船橋の無線電信所が発した救護信号に『只今鮮人の一団五六百名隊を為して当所を襲撃すべく進発しつゝあり宜く救護を頼む』とあつたなどは、今に物笑ひの種に成つて居る云々』との事、後世までの話料であらう」（『宮武外骨著作集』第三巻、河出書房新社、一九八八年八月、一〇三ページ）。またつぎのような注目すべき記事もある。「亜砒酸を呑まされた鮮人　震災騒動中、放火、強姦、掠奪などの悪事をやつた朝鮮人は四五十名あつたが、其中で『九月三日朝、日本服を着た自称李王源が、毒薬亜砒酸を携へ、本所菊川町付近唯一の飲料水たる消火栓付近を彷徨中、群衆に取押へられ、食塩だと強弁した為、無理に呑まされて忽ち悶死』との一事は笑ふべき珍談であつた」（二一七ページ）。

この記事について編者は解題でとくに注記して、「全体の主旨は朝鮮人暴動を流言とし、日本人の朝鮮人への迫害を批判したものである」が、とくにこの記事は「すでに行われた日本人による朝鮮人虐殺を正当化するために、後になって当局が流した虚報を事実と信じての誤った記述とせざるをえない」（六〇八〜六〇九ページ）と書いている。徹底した「反骨・反権力の奇人」といわれた宮武にしてさえ、官憲の流言にひっかかる弱さを持っていたことを示すよい例であろう。

三・一独立運動の大弾圧で、日本人は朝鮮半島の各地で、飲料水、鮮魚、砂糖など各種の食料品に毒を投じ、朝鮮人を大量に殺害した（朴殷植著・姜徳相訳注『朝鮮独立運動の血史』1、東洋文庫二一四、平凡社、一九七二年八月、一三八ページ）。このような非人道的方法をみずから行った日本の官憲は、大震災時に今度は在日朝鮮人がやったという卑劣な流言をばらまいたのではないかと推測する。当時、留学生として震災を体験した『アリランの歌』の主人公であるキム・サンは、「一九二三年以来、朝鮮人は決して日本人を信用しないし、日本人も朝鮮人を信用しない」と述べている（岩波文庫、一九八七年八月、九五ページ）。

自警団と地域社会

自警団の実態

自警団の構成

私は在日朝鮮人・中国人への大量虐殺がこのように行われた最大の要因は、軍隊が駐屯して一切の治安を掌握した戒厳令下の戦時的状況下であったことにあり、したがって第一の加害責任者は軍隊と警察であったと考えている。しかし一般民衆によって組織された自警団も加害者であったことは事実である。したがって、なぜ日本民衆がこのような想像に絶する恐るべき虐殺を行ったかを考えるとき、まず検討されなければならないのはこの自警団の構成についてである。この点に関して前掲の今井・斎藤説も、「自警団の創設が『流言』におびえて、自然発生的になされた、とするのは、官憲の責任を転嫁させるための論拠」（『歴史の真実　関東大震災と朝鮮人虐殺』、七七ページ）であって、軍と官憲が積極的に組織したのだと述べている。そして自警団に組織された構成は、親方・子方関係の強く残されていた半プロレタリア的な人夫・職人が主力であり、その背後に「お店《たな》」であった都市地主・家主・有力商人・管理職等の「旦那衆」の存在が大きな役割を果たしていたと説明する（七九ページ）。このなかで、岩村登志夫の「旧村落共同体的秩序で実権を握ってきた『旦那衆』のふるまい酒に鼓舞されることによって、自警団にかり出された都市貧民層は、盲目的排外主義の蛮行に容易に動員された。流言の権威づけが警察、軍隊、郡役所などによってなされたかぎり、自警団の中でそれらに最も近い『旦那衆』の存在は無視できない。自警団は軍部警察に教唆《きょうさ》煽動され、都市中間層などの『旦那衆』の督励をうけ、都市貧民層が盲目的な排外主義的残虐行為に大量に、しかも自発的行為のよそおいをおびながら動員された仕組みのものであった。それは、偽似的な自発性をおびることによってかえって厖大な蛮行を果たす力を発揮した」（『在日朝鮮人と日本労働者階級』校倉書房、一九七二年七月、九〇ページ）とする見解を妥当な指摘だと述べている（七九〜八〇ページ）。

しかし、官憲によって上から組織された自警団ではあったが、朝鮮人大虐殺が進行する過程で、九月四日に臨時震災救護事務局警備部は、「民衆の凶器携帯を禁止」し、翌五日午前には「人民自衛団の取締を励行」して「廃止」を決定し、さらに九日午後には治安維持の緊急勅令にもとづき、朝鮮人を虐殺した自警団検挙の方針がうち出され、十五日にも警察部長からの自警団取締の通牒が発せられた。こうして神奈川県下の流言の発生源と疑われた山口正憲ら立憲労働党救護団の検挙など各地であいつぐ検挙が始まったが、虐殺者にたいする裁判は「猿芝居」に終わり、翌二四年（大正十三）一月二十六日の摂政（昭和天皇）の結婚による恩赦によって減刑となり、ほとんどが実刑を受けなかった。司法省の極秘文書である『震災後に於ける刑事事犯及之に関する事項調査書』には、朝鮮人への迫害・虐殺行為はすべて民衆（自警団）にあって、軍と警察には責任はないと記録されている（詳細は、山田昭次「関東大震災時の朝鮮人虐殺事件裁判と虐殺責任のゆくえ」『在日朝鮮人史研究』第二十号、一九九〇年十月を参照されたい）。松尾尊兊の研究によれば、一九二三年十月一日より翌年三月末までに『法律新聞』に掲載された自警団朝鮮人虐殺事件裁判一二件で、実刑を課せられた者わずかに三二名。その最高刑は懲役四年（二名）にすぎず、しかもこれらの被告は翌年一月二十六日、皇太子（のちの昭和天皇）結婚の際、恩赦をうけたという（『関東大震災下の朝鮮人虐殺事件』上『思想』一九六三年九月、六〇ページ）。

今井・斎藤の同上論文には、自警団の中に青年団と在郷軍人会の参加が指摘されている。

在郷軍人会との関係

関東大震災と在郷軍人会の関係については、『季刊　現代史』第九号（現代史の会、一九七八年九月二十日）に掲載されている藤井忠俊らの「関東大震災と在郷軍人会――組織と動員」が貴重な研究成果である。その冒頭につぎのように指摘している。

米騒動にはじまる大正デモクラシーの状況は、在郷軍人会の社会的評価を徐々に後退させていったのだが、一九二三年（大正十二）九月一日に起きた関東大震災がその状況を一変させた。震災時期、民衆レベルの動きのなかで、在郷軍人の行動は文字通り中堅としてあった。当初の防火活動にもその一端はあらわれたが、各町内に自警団が出来ると、青年団員とともに主力になって動き、にわかにその軍服姿が目立ちはじめた。また、会は食糧・水・衣類等の配給にたずさわり、罹災地以外の分会では救援物資の調達や見舞金の醵出のほか、少なからず直接救援隊を組織して罹災地へ送りこんだ。そのいずれも緊急に必要なものであったので、在郷軍人会の活動は抜きんでて見えた。とにかく、この時、在郷軍人会は他の集団や組織に先んじて行動し、かつ大きい行動力を示し、よくもわるくも広範な機能と力量をもつことが認識された。その傾向は軍隊自身についてはなおさらだったので、震災以後、軍と在郷軍人会の後退現象には歯止めがかかり、逆に社会的役割を高唱しつつ、ファシズム的方向へ踏み出すきっかけをつくったのである。(二六〇ページ)

この論文は結論としてつぎのように言う。「この在郷軍人の動員の〝成功〟を含めて、権力側の志向と権力・民衆関係がファシズムへの方向性をのぞかせたことを見逃してはならないと思う」と述べ、その内容としてつぎの五つをあげている。「第一は、権力と民衆との思想的合意としての朝鮮人観」「第二は、この民衆行動と意識に対して、権力側から相当に流言操作が可能だということを、何よりも権力側が知ったことの重要さ」「第三に、朝鮮人・社会主義者と筋立てをしたあと『国体破壊者』という発見をしていること、そのための思想善導の任務が在郷軍人会に与えられた」「第四に、自警団の経験は、一つの民衆動員訓練として有効に受けとめられた。そのエネルギーが相当なものであること、それからどこに官憲が接続しなければならないかの分析がなされた」「第五に、こうしたことが、治安維持法体制の確立を早急な課題として、権力内部で急ぎ立法化の準備が進められることになったのは歴史のよく示すとおりである」(二九二〜二九三ページ)。

この藤井らの結論は、前掲犬丸論文に書かれた私たちの結論とも一致する関東大震災の歴史的位置づけであるといえよう。

私は、関東大震災は国家総力戦体制構築への重要な転期であったと考えている。第一次世界大戦に参加した日本軍部は、日清・日露戦争までの日本軍隊の近代的再編（制度・装備・教育の全面にわたって）を痛感した。さらにこの関東大震災に直面していっそうその必要性を認識した。

これ以後、軍隊の編制はもとよりのこと、国家総力戦に対応しうる国民の軍事的再編を強力に推進した。その中核が在郷軍人会と青年団であり、さらに学生・生徒に軍事教育を教科課目として義務づけたことにもみられる。さらに重要なことは、この震災は、その後のアジア・太平洋戦争でのアジア民衆への非人道的行為の予行演習であったともいえる。

「右翼」とのつながり

流言蜚語の発生源と自警団の関係を考える場合、私は当時の国家主義者（右翼）の存在を無視することはできないと考えている。前述した黒竜会主幹内田良平の政府への意見書も朝鮮人の流言蜚語をまったく事実であると力説し、その背後には社会主義者がいると指摘している。また、上掲『関東大震災政府陸海軍関係史料』第II巻『陸軍関係史料』にあるように、避難民の救護に黒竜会とともに縦横倶楽部が活躍している。この縦横倶楽部とは、一九一九年（大正八）六月十五日に早稲田大学出身の森伝（森恪《かく》の長男）を中心として創立された右翼団体である。この綱領の最初に「日本国体の原理を闡明《たんめい》し皇道を世界に布《し》かんことを期す」とある。この会の後援者の中に戒厳令下の第一師団長の陸軍中将石光真臣《まおみ》（対外同志会メンバーでもあった）と警視総監・赤池濃《あつし》がいることを注目すべきである。この会は一九二三年五月十日に発団式をあげた早稲田大学軍事研究団（後の国防研究会の前身）と密接な関係をもっていた。主な行動として、同大学教授の大山郁夫・佐野学・北沢新次郎・猪俣津南雄らによって指導された「文化同盟」の解散と同上教授たちの罷免を要求し、これがその後の「第一次日本共産党事件」の発端となった。また甘粕事件にたいしては、『災後の批判』と題するパンフレットなどを発行して、甘粕助命運動で活躍した（皇宮警察部『最近ニ於ケル我国右翼運動概況』第一編・極秘警察参考資料第四輯、一九三二年四月）。

関東大震災直後の一九二四年三月、陸軍少将木田伊之助（国粋会関東本部総長）の提唱で、「在郷軍人ノ思想悪化ヲ防クト同時ニ一般国民ノ覚醒ヲ促シ総体的国防ノ充実ヲ図ラントノ趣旨」で、予後備陸軍将校によって設立された「恢弘会」という団体がある。会長は創立当時は海軍大佐八代六郎《やしろろくろう》（震災時は陸軍大将柴五郎）であり、幹事の中に石光真臣が入っている。

自警団のリーダーが在郷軍人（青年団）と右翼団体であったことは容易に想像できる。

第II巻所収『陸軍関係史料』にある東京南部警備部隊司令部調査によれば、麻布笄《こうがい》町にあった「赤羽組労働団」は「稍々《やや》危険性ヲ有スルモノニシテ警察署ニ於テモ持テ余シタ」と書かれている。

芝浦には正義団と称する自警団が、農商務省の倉庫および臨時震災事務局の倉庫その他の警戒に当っていた。

月島の自警団は、親友会五四名、革新会五二名からなり、住吉神社付近の桜木藤吉方に本部を置き、五ヵ所の詰所から各方面を巡邏し、その服務確実なり、と「第一師団報告第六号」(十月二十三日午後三時)、(東京都公文書館所蔵「総務部第十八、情報」所蔵)に報告されている。

また「関東戒厳司令部詳報」第五巻(上掲『陸軍関係史料』所収『陸軍震災資料』第八所収)に、陸軍が右翼団体員を指導監督し、ともに宣伝活動を行っていることがわかる、つぎのような記載がある。

左記ノ者来リ陸軍宣伝ノ援助ヲ申出テタルニ因リ常岡少佐ノ指導監督ノ下ニ当部ノ業務ヲ援助セシム

愛国義勇会　藤井祥正　斎藤朝甫

愛国義勇会ハ内閣書記官長（松本烝治《じょうじ》――松尾注）官邸内ニ臨時私設セラル、救護団ニシテ細川政夫氏ヲ長トシ約十五名ヨリ成ル
宣伝及視察掛タル第一第二班ノ行動左ノ如シ午前九時三十分午後四時二十分二回ニ亘リ両班ハ自動車三台及乗馬五（伝騎共）ニヨリ市内宣伝実行ニ出発ス
常岡少佐ハ午前十時二十分愛国義勇困《（ママ）》（団）ノ自動車ニ搭乗シ外国大公使館ニ欧字宣伝文配布ノ為出張ス

（右の二史料は、いずれも上掲『陸軍関係史料』に収録されている。）

大島町と亀戸町の自警団

亀戸事件や朝鮮人・中国人虐殺事件の多かった大島《おおじま》町や亀戸町における自警団も、在郷軍人会や青年団と協同して活動を行っている。大島町ではとくに在郷軍人を主とし、五名ないし八名をもっておおむね午後八時より翌朝午前五時三十分頃まで夜警を行い、町内を八区に分け、町役場から一夜一自警団にたいして三円が支配されていた。九月九日午前中の大島区警備隊司令官の報告の中に、大島町一丁目に居住する「支那人」一九名は何等不良性を有せざるも、無頼漢《ぶらいかん》徘徊し、漸次危険となるを以てその保護を願い出たので、八日午前八時亀戸警察署に送付せりとある。亀戸町では町内の寄付金によって一自警団に一夜一円五〇銭ぐらいが支配され、服務は一

週間に一夜の割合であったが、十一月からは実施方法を緩和する予定である、と『東京南部警備旬報』にある。

なお付言しておけば、九月五日午後九時三十分に近衛師団司令部東京北部警備司令官から関東戒厳司令官宛の「特報」の中に、「騎兵第十三聯隊が刺殺シタル日本人六名ハ亀戸警察署ニ於テ最後迄革命歌ヲ高唱シ抵抗ヲ持続セリ」と記されている。

東京における自警団と在郷軍人会（総裁は元帥・閑院宮《かんいんのみや》載仁《ことひと》親王）や国家主義団体（右翼）との密接な関係を示す実態は、上掲『陸軍関係史料』に所載の「関東地方大震災ニ際シ帝国在郷軍人会活動ノ概要」や「東京府収集情報」の第一師団司令部「東京南部警備区旬報」などに明らかである。

虐殺が起きなかった地域——南多摩郡日野町・七生村

なぜ起きなかったか

この点についての私の考えは、第一には戒厳令下に置かれ、軍隊が長期駐屯していたかどうかが決定的ではなかったかと考えている。第二は自警団の実態のところで述べたように、右翼的な在郷軍人・青年団の思想的影響下にあり、都市貧民層（都市雑業層）の集中していた東京の江東地区や京浜工業地帯のような地域ではなくて、たとえば東京府下南多摩郡日野町、七生村《ななお》（現在、東京都日野市）のような江戸時代以来の比較的豊かな米作農村地帯では虐殺は起きなかったのではないかと私は考えている。当時七生村には、多摩川・浅川の砂利採取の朝鮮人労働者が共住していた。前者の地域には当時の日本で最底辺の労働力の担い手として朝鮮人や出稼ぎの中国人労働者が多く生活していた地域でもあった（しかしながらこのような地域であっても、朝鮮人や中国人を庇護し生命を助けた日本人、警察官さえもいたことも忘れてはならない）。虐殺を行った日本人と自らの犠牲もかえりみず救助した日本人の相違がどこにあるのかを、実証的・理論的に解明することは今後の重要な課題である。今後の地域史研究がなによりも不可欠である。この点でさしあたって参考になる貴重な業績として、金原左門「関東大震災と県民・県政」と梶村秀樹「在日朝鮮人の生活史」（『神奈川県史』各論編一、政治・行政、神奈川県、一九八三年三月）を挙げることができる。金原は「朝鮮人救護」の一項をさいて、「義侠心」で朝鮮人を庇った日本人と災難にあった日本人を救助した朝鮮人の「相互の助け合い」がこの異常事態のなかであったことを事例を挙げて書いている（二四七〜二五一ページ）。梶村はこの論文の中で、デマの発生についての官憲作為説と自然発生説、また一元発生説と同時多発説を検討して、横浜一元説には作為性が感じられ、横浜もふくむ各地に同時多発したとみるべきだとし、また官憲作為説には「状況証拠的なものはあるが、確証はまだなく、そうしたこととは無関係な、偏見による民間での自然発生の可能性も否定できない」（六五八ページ）と述べている。また、「なぜに現場の官民がかくまで攻撃的であったのだろうか?」との疑問にたいする答えとして、「第一に、一般的に植民地以後に強められた朝鮮蔑視・敵視の教育により、偏見と予断が形成されていたこと、第二に、これに先立つ時期の正当な朝鮮民族解放闘争の昂揚に対して、支配階級の意識にまきこまれての恐怖感が民衆にまで浸透していたことであろう。こうした素因に、デマが官憲を通じて流されたことが決定的役割を果たしたのである」（六六〇ページ）と説明している。

梶村は、神奈川県下の朝鮮人犠牲者数は二千余人だと推定している（六六二ページ）。前述した作家の吉村昭などのように、官憲のデマ発生の張本人としたてあげられた立憲労働党の山口正憲は、「皇室中心主義を標榜しながらも、下層労働者の要求を組織して活動してきた非論理的労働運動家」であったが、山口が九月一日ないし二日早暁に「朝鮮人が襲撃してくる」と演説したという者と、山口らの行動自体が「日鮮共謀の不逞行為」であったとする者と、相互にまったく矛盾する二つの情報が同時に宣伝され、裁判の過程ではそのいずれも立証されなかった（六六四ページ）。いまだに不可解な面の多い山口正憲について、岡本真希子は、この山口の圧倒的な影響下で「横浜の沖仕《（ママ）》（沖仲仕《おきなかし》――松尾注）は一九二〇年三月から四月にかけて十日間賃上げ・待遇改善の争議を、沖仕の仕事を一括する人夫請負組合に対して行い、この後、請負組合が直属人夫で御用組合を組織すると、非直属組合の中間搾取を排除した横浜沖仕同盟会が結成された」と述べ、また、第一次大戦を契機として在日朝鮮人人口は急増したが、神奈川の朝鮮人の職業は、運輸業（主に沖仕）・土木建設業者だけで四割と単純肉体労働者および単身出稼ぎ者が多く、日本人との賃金格差は神奈川で沖仕が最大で、四割であった。戦後恐慌は神奈川県下にも深刻な影響を与え、労働者の賃下げ・首きりなどが行われ、横浜でも大規模なストライキ等が行われた。山口のつくった「横浜震災救護団」は、警察の指導でつくられた自警団とは性格が異なり、「災前より動《やや》もすれば警察を無視」していた山口であったと述べている（『朝鮮史研究会報告』一九九二年九月二十二日号、一五〜一六ページ）。

在日朝鮮人・中国人の実態調査の重要性

前掲梶村論文には、多摩川など河川砂利採掘・採取業に従事していた朝鮮人の役割についての調査もある（梶村秀樹著作集第一巻『朝鮮史と日本人』〈明石書店、一九九二年十一月〉は、日本人の朝鮮人観を考えるうえで貴重な業績である）。こうした当時の在日朝鮮人の生活実態の調査・研究がもっと行われなければならない。そのための基礎的な史料集として、前掲の朴慶植編『在日朝鮮人関係史料集成』全五巻はきわめて貴重な業績である。この第一巻に、一九二二年（大正十一）一月現在の内務省警保局調査による「要視察朝鮮人」は、全国で甲号一三一名、乙号一〇五名、計二三六名で、そのうち警視庁の管轄は甲号一〇六名、乙号五八名、計一六四名、神奈川乙号四名と報告されている。また在留朝鮮人戸数および人員表によると、大正十年六月現在、一戸を構えて居住している者は、全国で一九九三戸、その内訳で多い県は、福岡三七七戸、兵庫一八二戸、大阪一七〇戸、北海道一三三戸、東京一三〇戸、広島一一九戸で、神奈川は二八戸である。職業別で多いのは、各種職工六六二六、土方六二四九、各種人夫五六八五、鉱夫および坑夫五〇四五、無職一七六二、学生一三〇三、各種雇人一〇二八、その他六一二、船員五一六、農業四一五、漁夫二四八などとなっている（一二五〜一三二ページ）。大正十三年五月の朝鮮総督府警務局東京出張員による『在京朝鮮人状況（秘）』には、「十二年、六月ノ学生二千三百名同年八月労働者四千名ヲ以テ其ノ絶頂トシ而シテ客年八月末震災直前ノ見込実数ハ八千人ヲ超エ震災後其ノ大半帰鮮或ハ他市県転出ニ依リ十月末三千五百人内外トナリタルモ其後徐々増加シテ本年四月末約五千人（見込）トナレリ」（一三四ページ）と記されている。この数字からみても、朝鮮人虐殺者が七〇〇〇人以上にのぼったことは驚くべきことである。

在日中国人労働者の生活については、仁木ふみ子が王希天研究国際学術討論会のための報告として提出した「王希天と僑日共済会」は貴重な研究である（なお前掲の『王希天研究文集』に仁木の「王希天与华工」が収録されている）。

日野の九月一日

関東大震災が、日野にどのような被害を及ぼし、町村民がどのように対応したかを、現在確認できる史料にもとづいて叙述してみよう。

大震災が発生した九月一日の様子について日野町役場の吏員の記録は、つぎのように記している。

土曜日ノ為、吏員一同事務ヲ終リ退場準備中（午前十一時五十八分）、突然飛行機ノ暴《(爆)》音トモ思ハル鳴動起ルト共ニ大震動襲来ス、一同屋外ニ避難ス、屋外ニ於テモ直立シ居ルコト能ハズ、樹木又ハ木柵ニ身ヲ支フ、家屋ノ振動スル様、波上ニ浮ブ小舟ノ如シ、第一震ノ止《や》ミテ二三分ニシテ第二震起レリ、其ノ強度及時間稍々《やや》似タリ、一震ノ時間約五分間位ナリキ、震動止ミテ直ニ吏員ヲシテ各部落ヲ視察セシム、別段救護ノ必要ナキヲ以テ一同帰宅、安政大震以来ノ激震ナリト、詳細ハ別誌ニ記録ス、倒潰家四、土蔵殆《ほとんど》土ヲ振ヒ落ス、負傷者二人其他人畜ニ異常ナシ（『日野市史料集』〔以下『史料集』と略〕近代2、一一六ページ）

さらに日野町の宇津木繁子（本名なみ）が九月一日から十一月一日までの記録を毛筆で筆記した『カントウ大地震日記』と題した貴重な史料がある（『史料集』近代2、一一五ページ）。この九月一日にはつぎのように書かれている。

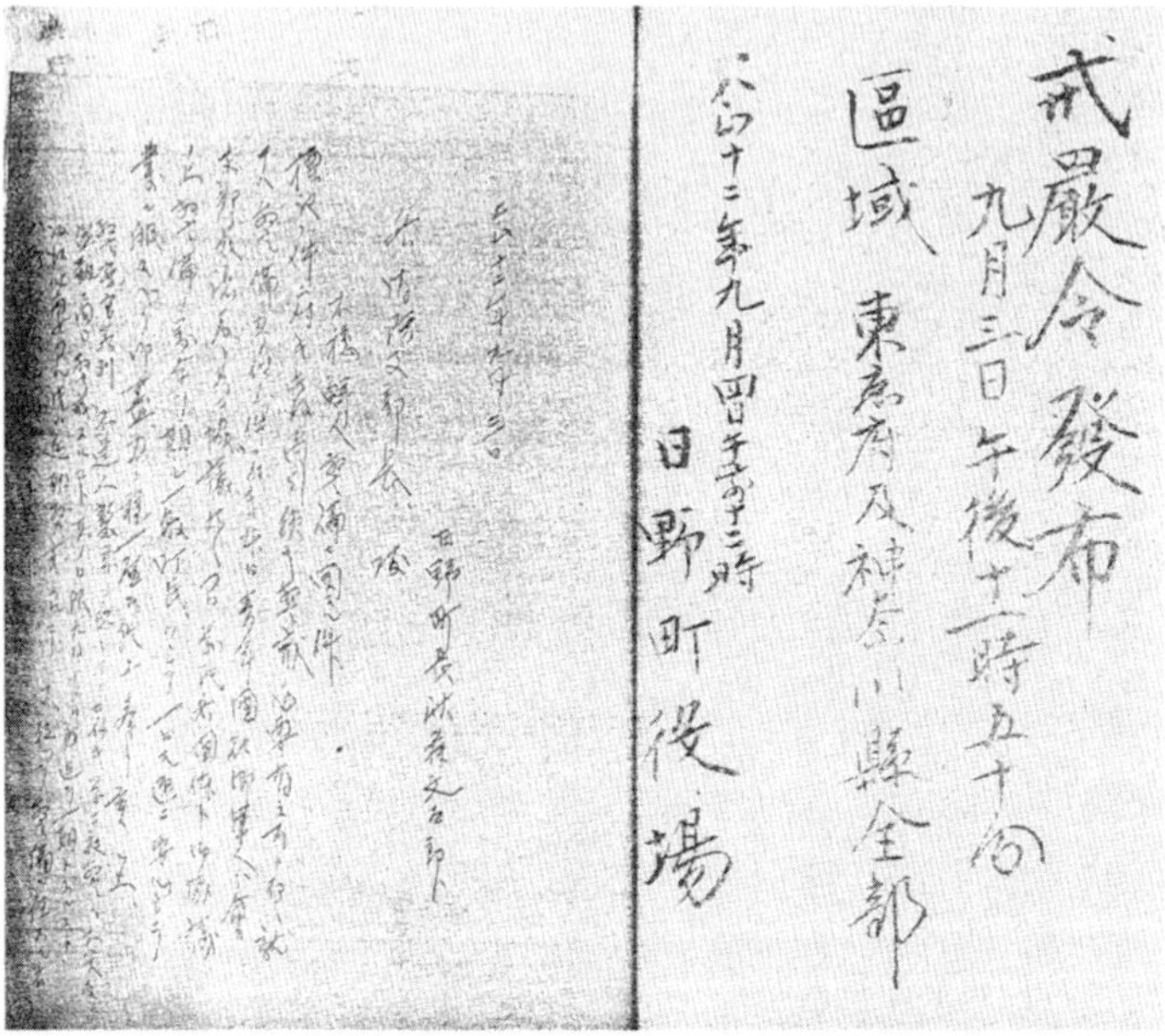

戒嚴令發布
九月三日午後十一時五十分
區域　東京府及神奈川縣全部
大正十二年九月四日午前十二時
日野町役場

図5　戒厳令　発布（日野町役場）と不穏鮮人警備ニ関スル件
（9月3日）

「本日青年団在郷軍人分会支部長諸君ト共ニ協議」「警備ノ万全ヲ期シ一般町民ヲシテ一日モ速ニ安心シテ業ニ服スベク御尽力ノ程」以下は，164頁に引用．

> 午前十一時五十分震動時間約二三分に亘る急激なる大地震があつた、新源地（ママ）は伊豆大嶋にて東京・横浜・神奈川・静岡地方をもをそう（襲）た、此度の大地震は安政以来味噌（ママ）有の震動であつた、此日は日野町民は八坂《やさか》神社の祭典にて町民は其準備にいそ〳〵と立働いて居た折から異様なひゞきと共に激震起り、あわやと云ふ間に土蔵は皆崩落され、木造家は半倒され、かべは落され、実に大惨害を蒙つた、激震三回ほど続く、地揺は堪（ママ）へず起りて町民を悩ます、夕刻になつても震動は尚やまなかつた、近所の子供は昼御飯前の者が多くお腹がすいた〳〵と云ふあわれな者なり、主人が震動の間を見て炊き出しをしたらどうだと云ふ、母も同意にて稍うすらいだ時（カマド）を家外に持ち出して炊き近所の者に出す、子供等一同大嬉びにてあら〳〵平げたり、日野駅付近は最始（ママ）の激震に家屋二軒倒され、街路は亀裂所々にありて水を墳（ママ）いて居る由、東京横浜は火災起りて今は火の海なりと、火の手は七十二ケ所に起つたと云ふ、夜は家外にて恐ろしき一夜を明す

右に紹介した二つの記録に書かれているように、関東大震災は日野の人々にとっては、安政二年（一八五五）十一月十一日の夜に江戸を襲い、家屋の倒壊一万四千戸、死者七千余名を出した「安政の大地震」以来の大震災であったと受けとめられている。

「朝鮮人暴動」の流言

朝鮮人暴動の流言が、日野にどのように伝わったかをつぎに見てみよう。

日野町役場吏員の九月二日の記録には、つぎのように書かれている。

午後四時頃八王子市ニ暴党起レリトノ報アリ、続キ不逞《ママ》鮮人襲来ノ報ニ接シ町民ノ驚愕非常ナリ、青年団・在郷軍人・消防夫等一同各自凶器ヲ携ヘ警備ノ任ニ当ル、夜ニ入ルモ何等襲来ノ様子ナシ、難ヲ逃レテ桑畑又ハ稲田ニカクレタル婦女子ヲ呼ビモドス、但シ警備ハ中々厳重ナリ

また同日の宇津木繁子の日記にはこのように記されている。

此日は前日程の強震ではなかつたが堪《ママ》へず震動はあつた、其為食事は総て家外にてすます、主人は清水の安否を尋ねんとて八王子に行く、矢張り土蔵は皆くずされ家は破損したが、幸生命に別条なしと云ふ、一同嬉ぶ（中略）午後になりて町内の方々の御心尽しにて表の土を片付、通り道だけ明けてもらう、此日は其だけにて夕刻家外にて夕食を初《ママ》める、酒を出す、終る頃朝鮮人暴動のさわぎ初まる、町民驚きて一同手に〳〵竹槍等携へて夜番をなす、夜十二時頃大雨となる、震動は至つて止まず、鮮人の入込し時は反鐘《ママ》をつきて合図すると云事になつて居た折から二時頃盛に反鐘をつく、一同の驚きは一方ではなかつたが、暫くして鮮人《ママ》ではなかつたと聞き一先安心したが、

恐る〳〵又一夜明す、親戚の心配したが、汽車も電信・電話も皆不通にて安否は知れなかつた、東京はまだ火の海だと云ふ、空に反写（ママ）して真赤に見える、死傷者は多く実に目も当られないほど惨状なりと、午後四ツ谷の伯父様御出下《おいでくだ》さる

七生村在住の名望家であった『五十子敬斎日記』の二日には、「夕前鮮人（ママ）襲来ヲ伝フ。小野路ヲ焼払テ来ルト伝フ。次ニハ既ニ焼払テ乞田《こった》迄来レリト云。人皆恟々《きょうきょう》トシテ畏怖皆安ズル克《あた》ハズ。既ニ已ニ警察ノ許可ヲ伝テ刀鎗ヲ帯テ寺下と頼輔氏（朝倉）門トニ集衛シ交代ニ各戸ヲ巡衛視ス。恭三言フ京地ハ全滅トモ言べキ程也。三分ノ一山ノ手・赤坂・四谷・牛込・小石川、芝・麻布・本郷ハ半分乃至七分焼、麹町半分近ク残ルガ、飛ヒ焼六丁目ヨリ四辺焼、新宿三丁目附近焼、帝大概シテ焼、博物館・動物園・諸官衙概シテ焼リト。震ヨリ起ルヨリモ鮮人ノ放火ヨリ来ル多シト云ト。死傷モ甚多シト云ト」と記している。繁子の日記に比べて流言の記述が具体的で、村民の自衛の様子も書かれている。七日の日記にはもっと具体的に「本日学校下ニ有志集会。二日来夜衛費用及今后夜衛方法ヲ談議シ寄付金ヲ券（ママ）ル。頼輔氏拾円、稲氏・英助氏七円、予其他ニ流列（ママ）券五円五人、喜左衛門・伍兵衛三円、清吉二円、石又一円ヲ出ス。夜衛ハ今后上下分レ四人ツ、小口巡トシ弁当持ト談定ス」と夜警のことを記している。また九月一日の被害状況について、「当地ハ

何百年カ未曾有ノ大震災也。当小字《こあざ》トシテハ前山下・大宮下ヨリ三沢《みさわ》東部ガ甚大ナリ。道路大亀裂小凹陥アリ。稲葉氏最大害ナリ。頼氏次グ。予・周治三位ナリ。予ハ三庫壁落ツ。文庫ハ少シ南傾シ、前面・北面落。北庫ハ北面落チ、他ハ小破ニシテ不傾。前庫ノ四面落。昨一日ノ夜ハ一般家外ニ寝ヌ」（九月二日）と記している。

ふたたび繁子の日記にもどると、九月三日にはつぎのように書いている。

今日も震動はげしき為、町民事もなさずわさ〳〵と暮す、前の理髪店を借りて仮事務所を開き、青年・在郷軍人・消防隊総出して夜を徹し鮮人《(ママ)》の番をなす、夜は又近所の家を借りて其処に居た、折から十二時頃に至り又強震あるとの報あり、町民こぞつて家外に出で、戸をならべて其処に集り、先其時間をいぶかりながら待つ、やがて十二時半震動あり、一同の驚きは一通りではなかった、（中略）中田町は幸火災にもあわなかつた、近くに放火があるので危険だと云つて居た、（後略）

立川飛行隊員の救援

九月四日にも強震が夜の十一時ごろに襲って、今夜はたいした強震もあるまいと自宅で就寝中の繁子たちは家の外に飛び出している。消防員前の事務所につめているときに立川飛行隊から志野少尉が兵卒八名を引率し電灯を二つ携えて来て、「皆様安心して休んで下さい」との有難い言葉を聞き力強く思い、また消防員・在郷軍人も連日連夜の夜番に気の毒に思うと書いている。この日汽車が三回ほど運転を始め、避難者は無賃輸送で汽車の屋根の上まで一杯であったという。五日も強弱震が十四、五回起こっている。町内の消防員は三組に分かれ六名ずつ夜番をすることを決めている。青年団と少年団は駅につめて、避難者のために湯を沸かして瓶につめ車中の人に与えた。この日天皇から一〇〇万円の恩賜金があり、大震災が起こってからはじめて新聞が届いたと書いている。七日になっても朝の五時頃からかなりの強震があり、強弱七、八回揺れたとある。夜の九時頃に地震以来はじめて電灯がついて「別世界へ来た様な」気がしたと記している。二十三日の日記には、家の破損を修繕するための角材や小豆など「何もかも価は上たり」とある。この日の記事に「社会主義者ノ大杉栄氏殺さる」とだけ書かれている。

流言への対応

関東大震災の発生にたいして、現在確認できる町村側の公式文書の最初のものは「朝鮮人暴動」の流言に対応したものである。それは九月三日付で日野町長斎藤文太郎が航空隊長に宛てた「不穏人警戒ノ為軍隊派遣方申請ノ件」と同日付の町長から各消防支部長にたいする「不穏鮮人警備ニ関スル件」である（『史料集』近代2、一一九、一一八ページ）。すでに紹介した『五十子敬斎日記』の記述も、そしてこの公式文書も朝鮮人のことを「鮮人」と書いている。こうした呼び方からも当時日本の植民地であった朝鮮の人々にたいする差別意識を感ずる。前者の文書は、標記の件に関して当町の在郷軍人分会副会長の土方賢一に一切を委任してそちらに出頭させるので宜しくお取計らい願いたいというものである。この申請書の文末にも「不逞人襲来ハ稍流言ニ近キモノノ如キモ、町民ノ驚愕非常ニシテ寸時モ安眠スルコト能《あたわ》ザル状態ニ付、人心ヲ安メン為、派遣申請ヲス」と書かれてある。すでにこの段階で町長たちは「不逞人襲来」は流言に近いものと感じていたのである。宛て先の航空隊長とは立川飛行隊所属の隊長であろう。前述した宇津木繁子の日記の九月四日に、立川飛行隊から志野少尉が兵卒八名を引率して電灯を二つ携えて来たと書いてあるのは、この町長の申請に応じたものと考えられる。『東京南部警備区旬報』第一号によれば、日野町は八王子市と北多摩郡とともに近衛師団の管轄下におかれている。また第一師団は、日野町をのぞく南多摩郡と西多摩郡を担当している。

後者の文書は、消防組は青年団・在郷軍人分会支部長と協議して「警備ノ万全ヲ期シ一般町民ヲシテ一日モ速ニ安心シテ業ニ服スベク御尽力」願いたいというものであるが、その文末に朱筆で「警察官参列　不逞人襲来ノ恐レナシニ付キ単ニ夜警ハ火災及盗難ニ関シ警戒スルコト、其ノ日限九月十三日迄ヲ一期トスルコト、以後必要アルトキハ延期警戒スルコト、ス、従ツテ警備ニ任ズル者ハ各部落消防組員トスルコト」と付記していることからみても、「朝鮮人暴動」が流言にすぎないものであろうと考えていたことは推測できる。

災害への対応

九月六日、南多摩郡長は日野町長に「震災ニ関スル件」という通達を出している（『史料集』近代2、一二五ページ）。この内容は東京府と神奈川県に戒厳令が施行され、関東戒厳司令官福田雅太郎陸軍大将の告諭も出されたので、とくにつぎの三事項に注意をするようにというものであった。

一、軍隊及諸機関ハ全力ヲ尽シテ警備・救議・救恤ニ従事シツ、アルモ、此ノ際諸団体及一般人モ亦極力自衛協同ノ実ヲ発揮シテ災害ノ防止ニ努メラレンコトヲ望ム

一、不逞《(ママ)》団体蜂起ノ事実ヲ誇大流言シ、却テ紛乱ヲ増加スルノ不利ヲ招カザルコト、帝都ノ警備ハ軍隊及各自衛団ニ依リ既ニ安泰ニ近ヅキツ、アリ

一、糧米ノ欠乏ノ為、不穏・破廉恥《はれんち》ノ行動ニ出テ若ハ其分配等ニ方《あた》リ秩序ヲ紊乱スル等ノコトナカルベキコト

「不逞団体蜂起ノ事実ヲ誇大流言」することを戒めているが、依然として各地では朝鮮人虐殺は続いていた。

また同日、南多摩郡長は日野町長にたいして「震災ニ関スル件」として、つぎの三つの指示を出している（同一二六ページ）。

一、部内罹災者ハ勿論、東京・横浜等ヨリ罹災者ノ帰郷スルモノニシテ悲惨ノ状態ニ在ル者モ可有之《これあるべき》ニ付、之レ等《ら》ニ関シテハ隣保相扶《りんぽそうふ》ノ情誼ヲ以テ慰安ノ方法ヲ講ゼラルル様御配意相成度《あいなりたく》

一、小学校ハ至急応急ノ修理ヲ為シ児童ノ収容ニ差支ナキ様御措置相成度（日野の小学校は九月六日まで臨時休業となっていた）

一、今後伝染病ノ流行ニ就テ甚ダ不安ナルニ付、隔離病舎ノ破損ハ至急ノ修理相成様致度

九月十一日に日野町長斎藤文太郎は、学務委員と町会議員にたいして震災に関する協議会を十三日に開催する旨の通知を出している（同一三四ページ）。この通知に「希有ノ大震災ニモ係ハラズ当町ハ比格（ママ）的被害大ナラザ（リ）シハ不幸中ノ幸ニ候」と書いている。協議会の協議事項は、当町造営物被害復旧、当町在郷軍人会・青年団補助増額、当町被害町村道工事、消防・夜警、各種団体の罹災者救護事業後援の五件であった。十二日に日野町役場は、震災救護に要する物資とこれに従事する吏員・青年団体・在郷軍人などの鉄道輸

送が無賃となったことを通達した（同一三七ページ）。十八日に南多摩郡役所は日野町長にたいして、宮内省は皇后陛下の「御思召」にて「宮内省巡回救療班」を設置し、小児科と婦人科を主とし内科・外科も取扱うことになったので、この趣旨を周知徹底させるようにとの通達を出した（同一四三ページ）。十九日、南多摩郡役所は日野町長にたいして、今回の震災で東京の朝鮮人学生が避難して来るかもしれないのでその際には「適宜保護・供与」するようにという通牒を出している（同一四五ページ）。

災害への救護実施

九月二十一日に日野町役場は、南多摩郡役所からの十四日の照会に答えた「震害ニ関スル救護実施ノ状況報告」を提出している（同一四七ページ）。

一、罹災者救護の状況　大震災後直ちに役場吏員に震害視察をさせた。倒壊住宅三戸。この家族はそれぞれ隣家に収容、避難させた。食料その他の給与を必要とせず。その他町民に救護の必要あるを認めず。したがって住民罹災者に対し有志の寄付、各種団体の活動等なし。

二、町村民以外の避難者通過の者に対する救護の状況　当町多摩川渡船営業者に命じ九月三日より十日まで避難者の渡船賃を免除させた。当町青年団第三・第四・加組の各支部にて湯呑所・休憩所三ヵ所を国道に設置し、支部員が交替で通過避難者の救護に当たった。各休憩所では空腹罹災者に対しては握り飯二個ずつを給した。給与の飯米高合計二石六斗（有志の寄付）。なお九月五日八王子・東京間汽車開通の日に青年団加組支部員は、日野停車場に於て列車内避難者に対して麦湯を瓶詰めにして給与し、空瓶は八王子駅より返送させた。給与の湯およそ一石五斗。
三、道路・橋梁等応急修理等の状況　道路の修理で急を要するもの三ヵ所に対しては部落民の出動を求め、応急修理をする。
四、警備の状況　大震災後直ちに青年団・在郷軍人分会に火災および不逞（鮮）人の警戒に当たらせた。三日戒厳令発布により四日より十三日まで毎夜消防組員が各部ごとに夜警の任に当らせた。
五、罹災地に対する救護等の状況　当町淑女会員や一般町民より慰問袋および衣類を募集し、これを罹災地に発送した。慰問袋の数六四三、衣類一四一、その他七。青年団においては団員が四名ずつ交替で（一期を五日として）東京の罹災地に労力奉仕に出動中。其の他在郷軍人分会と愛国婦人会等でも衣類その他を罹災地に送り、救護に奔走中。

六、その他、町村および団体の施設　震災当日直ちに用水堀取入口の崩壊を修理し、水車業者の精米能力の増加を図り、なお大地主および営業者の将来を調査し、全部の売払いを禁止する一方、半搗米《はんつきまい》の使用を奨励する。雑貨日用品に対しては極度の節約をすべき旨一般へ通達した。震災に関して当町民に配布または掲示した印刷物は次の通り。①水力不足のため半搗米を食するようとの奨励書、②火の元および衛生に関する注意書、③日用品極度節約の宣伝書、④避難者に対し同情救護すべき旨通知書、⑤其の他各公官衙よりの各通達書など。

『南多摩郡自治会会報』第三十号（九月二十二日発行）によれば、東京・横浜から日野町への避難者は一三一名、七生村へは一三六名であった（同一四九ページ）。

同会報の「南多摩郡震災罹災の状況」によれば、九月十九日までの、日野町・七生村の被害は次頁の表の通りである（同一四八ページ）。

被害状況

十一月十四日に南多摩郡役所は、日野町長にたいし「今回ノ災害罹災者ニ対スル御下賜金配分ニ付、罹災関係者ハ洩レナク申告セシムル」ための注意事項を送付した。今度の大震災にたいして天皇からのいわゆる「恩賜金」は、日野町に五六円、七生《ななお》村に四〇円が東京府から支払われている（東京府公文書）。これは日野町長斎藤文太郎・七生村長高橋茂吉

表　日野町・七生村の被害状況

	全壊（かっこ内半壊）した家屋数				死亡者（負傷者）
	住　家	倉　庫	その他	合　計	
日野町	3	2	2	7	0
	(1)	(3)	(0)	(4)	(1)
七生町	5	4	5	14	0
	(9)	(90)	(10)	(109)	(2)

が同月に東京府知事宇佐美勝夫への「恩賜金」請求にたいして出されたものであった。このときの日野町の請求書の内訳を見ると、罹災世帯数として全焼は一世帯当たり一二円で世帯数ゼロ、半焼は一世帯四円でゼロ、全壊は一世帯八円で世帯数四戸、賜金三二円、半壊一世帯四円で世帯数五戸、賜金二〇円、全流失は一世帯一二円で世帯数ゼロ、半流失は一世帯四円で世帯数ゼロ、死傷者は死亡一名当たり一六円で死亡者ゼロ負傷一名四円で負傷者一名、賜金四円、行方不明一人一六円でゼロと報告している。

同じく七生村の内訳はつぎのようである。全壊罹災世帯数三戸で賜金二四円、半壊世帯数三戸で一二円、負傷者一名で賜金四円と報告されている。大正十五年四月二十五日付で日野町長有山亮は東京府知事平塚広義にたいして、震災恩賜金収支決算書を提出している。それには受高六八円となっており、七生村長土方邦三は上記の四〇円となっている。日野町はその後増額になったものと考えられる。

研究史をふりかえって――エピローグ

問題点の所在

まず最初に、これまでの関東大震災と朝鮮人虐殺に関する研究にたいする三人の意見を紹介したい。いずれも『季刊三千里』第三十六号、特集、〈関東大震災の時代〉（一九八三年十一月一日）に掲載されたものである。

高柳俊男は、「朝鮮人虐殺についての研究と文献」の中で、つぎのように書いている。

研究史を概観してみてまず気がつくことの一つは、研究のための条件を整え、主導的に研究を行ってきたのが、在日朝鮮人の研究者であったことである。これは、強制連行の研究などとも共通するが、日本人自らがまず明らかにすべきものと向き合う際の、姿勢の弱さを物語っている。もう一つは、関東大震災四〇周年、五〇周年といった節目に研究がまとまって現われ、それ以外は空白という状態が続いたことである。そこには事件に寄せる関心の質があらわれている。（七一ページ）

と、この研究への日本人研究者の姿勢の弱さを指摘している。

山田昭次は、「関東大震災と朝鮮人虐殺——民衆運動と研究の方法論前進のために」の中で、運動論の観点からつぎのように指摘している。

関東大震災における朝鮮人虐殺の調査・追悼は、近年ようやく日本人大衆の運動になってきた。そうした動きは、この事件の五〇周年前後に始まった。その成果は、日朝協会豊島支部『民族の刺——関東大震災と朝鮮人虐殺の記録』（一九七三年）や、関東大震災五〇周年朝鮮人犠牲者調査・追悼事業実行委員会『かくされていた歴史——関東大震災と埼玉の朝鮮人虐殺事件』（一九七四年）となって結実した。六〇周年を迎えた今日、さらに運動主体の変化があることに気づく。それは一九七八年六月二十四日の『千葉県における関東大震災と朝鮮人犠牲者追悼・調査実行委員会』の発足や、一九八二年十二月三日の『関東大震災に虐殺された朝鮮人の遺骨を発掘し慰霊する会』の発足（準備会は同年七月十八日結成）に示されている。五〇周年の運動の中心をなしたのは日朝協会であったのに対し、『追悼・調査実行委員会』と『発掘し慰霊する会』の会員のほとんどが、日朝協会やその他朝鮮・韓国問題の運動団体、研究会と関係のないズブの素人の地域住民である。これらの会の活動や性格については、追悼・調査実行委員会の『いわれなく殺された人びと——関東大震災と朝鮮人』（青木書店、一九八三年）、発掘し慰霊する会の『地震と虐殺——一九八二年九月第一次試掘報告』（一九八二年）、拙稿『関東大震災から六〇年、東京下町の朝鮮人虐殺事件掘りおこし運動——〝朝鮮人の遺骨を発掘し慰霊する会〟の調査報告』（『歴史地理教育』一九八三年九月号）を参照していただきたいが、六〇周年には五〇周年行事以上に大衆のエネルギーが噴出し始めた。日朝協会は朝鮮民主主義人民共和国との交流を主要課題としているが、調査活動の上に六〇周年行事を担った前記二団体はそうではない。私は追悼・調査実行委員会とは交流はあっても会員ではないから、その実情はわからないが、発掘し慰霊する会の場合、在日朝鮮人も会員となっており、また韓国の知識人との交流も行っている。つまり、この会は南北朝鮮に対して開かれた、多少なりとも両者の掛け橋の機能をもっている。この点も五〇周年の時期の運動とちがいを示している（三九〜四〇ページ）。

戦後、この研究を先導してきた姜徳相《カンドクサン》は、「関東大震災六〇年に思う」と題した文章の中でつぎのように書いている。

六〇年前の一九二三年九月一日におこった関東大震災、この時、六、七千名の朝鮮人が殺されたことを知っている人は少なくないが、どうしてこれほど多くの生命が失われたのか、そしていつ、どこで、だれに殺されたのか、なおわからないままの状態であるのを知っている人は、あまりいない。一口に六、七千名というが、この事件で一人の殺人犯もまともな罪の報いを受けたものはない不思議な事件なのである。相手が朝鮮人である限り殺人も許容される、思えば恐ろしい時代もあったものである。では、どうしてそんなことになったのか、一つは、日帝権力が異常な執念で事件を隠そうとし、〝官製真相〟をばらまいてすりかえたこと、そして言論統制をきびしくし、違反者は処罰したことなど、瞞着と脅迫の結果といえよう。しかし反面、真相調査をおこたった日本民衆の意識にも理由があったようである。民衆の残した膨大な記録をみても、虐殺事件は震災一般論のなかにおしこめられて、焦点にすえているものは見あたらない。震災下、最大の衝撃を受けたのは地震でも火事でもなく、「朝鮮人狩り」であったはずであるが、それをそのまま素直に記録したものはないのである。それは、何人かの朝鮮人が生命を賭して、手のとどくかぎり調査し、真相の一端をつかみだしたことや、自己の体験を口から口へと語り伝えたこととはちがっていた。約六五〇〇名と推定される犠牲者数も、朝鮮人の調査によるものである。事件直後、もし日本の民衆が権力の妨害をはねのけて真相調査をしていたら、これほどまでに隠されることはなかったと思う。昨年、荒川河川敷の遺骨を発掘する会に寄せられた古老たちの証言を読んで、事実のばらつきにおどろくと共に、どうして事件の真相を書き残した人がいないのか不思議に思い、事件に密着した史料がなにより可信性を高めること、逆に時間の経過は真相をぼかすものであるという史料批判のイロハを思い浮かべた。事実を知ろうとしなかった民衆、権力のとりこになり、植民地支配の腐臭に気がつかない民衆、あの頃の思想状況が見えてきてならない。きついことを言うようだが、ある時間を経過しても、民衆の手で事実をさぐりだす動きもなかったように思う。一部の左翼系雑誌や政党の機関誌がテロ行為を声高に告発したことはあるが、個々の事実を発掘、追悼する姿勢はみえなかった、それは単に権力の妨害、それへの保身というだけの問題ではなかったようである。大日本帝国の束縛がなくなった敗戦後、朝鮮人虐殺事件欠落の思想はより鮮明になる。本質露呈というべきだろう。日本の民衆が、戦後まっさきに語り、真相究明にいさみたったのは大杉事件であり、社会主義者虐殺事件である。戦争直後の新聞、雑誌には、かつての同志たちの思い出から、史実はこれだ式の論議が横行しているのを見ることができるが、朝鮮人問題は焦点にすえられておらず、依然として無関心のままである。さきにのべた、事実を知ろうとしなかった民衆がそのままクローズ・アップされているのである。自由を保証された時にこのていたらくである。人殺したちは大日本帝国の庇護を失ったあとでも大手をふってのし歩いていたのである。（二二三～二二四ページ）

いささか長文の引用をあえてしたのは、この姜徳相の私たち日本人にたいする実に痛烈な批判は、前述したように在日韓国・朝鮮人の思いを代表していると思ったからである。とくに私のように日本近現代史研究に携わってきた者にとって、甘受しなければならない指摘が多い。姜は、一九九三年八月二十八日と二十九日に東京江東区総合区民センターで行われた関東大震災七十周年記念事業実行委員会（委員長・松尾章一）主催の記念集会第三分科会（大震災と歴史研究）の最初の報告「三大テロ史観」の中でも同様の趣旨を述べた（同上委員会編『この歴史永遠に忘れず』日本経済評論社、一九九四年一月刊参照）。

在日韓国・朝鮮人歴史研究者の業績

姜徳相《カンドクサン》、琴秉洞《グンピョンドン》、朴慶植《パクキョンシュク》ら在日韓国・朝鮮人歴史研究者の代表的な研究を紹介してこう。

まず第一に挙げなければならないのは、姜徳相・琴秉洞編『関東大震災と朝鮮人』（現代史資料　六、みすず書房、一九六三年十月）であろう。この史料集によって、戦後の関東大震災と朝鮮人虐殺事件の研究は飛躍的な前進をみることになった。六〇年代に姜は、「関東大震災下の朝鮮人被害者数の調査」（『労働運動史研究』一九六三年七月号）、「関東大震災に於ける朝鮮人虐殺の実態」（『歴史学研究』一九六三年七月）、「つくりだされた流言」（『歴史評論』一九六三年九月）、「忘れることのできないいまわしい事件」（『新しい世代』一九六三年十月）、『関東大震災』（中公新書、一九七五年十一月）、姜徳相・琴秉洞「松尾尊兊氏『関東大震災と朝鮮人』書評についての若干の感想」（『みすず』一九六四年四月）、「関東大震災下『朝鮮人暴動流言』について」（『歴史評論』一九七三年十月）、などと、じつに精力的な発表をしつづけた。

姜徳相との前掲の画期的な史料集の共編者であった琴秉洞は、その後貴重な史料を編集し解説をつけた『朝鮮人虐殺関連児童証言史料』（関東大震災朝鮮人虐殺問題史料Ⅰ、緑蔭書房、一九八九年十月）、『朝鮮人虐殺関連官庁史料』（同史料Ⅱ、一九九一年三月）、同史料

III『朝鮮人虐殺に関する知識人の反応』（全二巻、一九九六年四月）、同IV『朝鮮人虐殺に関する植民地朝鮮の反応』（一九九六年十月）などと精力的な出版活動を続けている。

戦後の朝鮮史研究のなかでも記念碑的な名著ともいえる『朝鮮人強制連行の記録』（未來社、一九六五年五月）を出版し、日本人歴史研究者に大きな影響を与えた朴慶植らの『関東大震災における朝鮮人虐殺の真相と実態』（朝鮮大学校「朝鮮に関する研究資料」第九集、〈一九六三年七月〉。本書は朴個人の執筆ではないが、同校教員在職時代の貴重な調査成果である）は、その後の体験者への聞きとり調査の先駆的業績である。その後『天皇制国家と在日朝鮮人』（社会評論社、一九七六年七月）、『在日朝鮮人関係資料集成』全五巻（三一書房、一九七五年九月～一九七六年十二月）等々、多数の研究書や史料集を刊行している。朴の自叙伝ともいうべき『在日朝鮮人・強制連行・民族問題　古稀を記念して』（三一書房、一九九二年十二月）も出版されている。

日本人研究者の業績

戦後日本人研究者としてこの事件をいちはやくとりあげたのは、二〇〇二年六月に他界された斎藤秀夫の「関東大震災と朝鮮人さわぎ――三十五周年によせて――」（『歴史評論』、一九五八年十一月）であった。この研究によって虐殺の口実とされた流言が、官憲によるデマではないかとの推論が提起され、現在に至る論争の口火をきった。しかし姜徳相は、同上の文章で「括弧抜きで『朝鮮人さわぎ』と把握した業績は、そのまま日本でのこの問題への関心を反映し、壁にぬりこめてきた真実をつき破ることはできなかった」（二五ページ）ときびしく批判した。

戦後の日本現代史とくに大正期の研究で大きな業績をあげてきた今井清一の「大震災下の諸事件の位置づけ」（『労働運動史研究』一九六三年七月。本誌の表紙には、「大震災下の三事件の位置づけ」と誤記されている）によって、朝鮮人虐殺事件と亀戸事件・大杉事件が、「白色テロ」事件として日本現代史のなかではじめて位置づけられた。今井は「大震災という自然的大事件の突発によって、日本の政治や社会や民衆意識のなかにひそんでいた病理が、一挙にどぎつい形で露呈したのだと見ることができます。死者十万、損害百億といわれる被害にしても、すくなくとも東京では都市計画にもっと周到な注意が払われていたらある程度はくいとめられたわけで、この天災をきっかけに東京という大都市の弱点が暴露され、人災をまねいたわけです。これと同様に、白色テロも、日本の権力者たちのもっている無責任な反動性や民衆の社会的訓練の乏しさなど――これらは日常生活のなかに現れているのですが――が、震災下の混乱をきっかけに爆発的に発現したものとみることができます」（一ページ）と述べている。

今日、関東大震災を研究する場合に重要なことは、朝鮮人にたいする大虐殺に象徴され、その後の南京大虐殺につながってくる日本人のアジア人への加害責任と同時に、民衆の立場からいえばこのような災害や戦争における被害の問題もあわせて検討されなければならないであろう。この点から都市問題をからめての今井の右の指摘はきわめて重要だと考える。しかしながら後述するように、この今井の画期的論文以後、朝鮮人・中国人虐殺と亀戸・大杉事件とを「三大白色テロ事件」として同列して論ずる日本人歴史研究者のとらえ方(問題意識)にたいして、前述したように姜徳相ら在日朝鮮・韓国人研究者からきびしい批判を浴びているのである。また、今井の研究業績で特筆すべきは、それまでまったく解明されていなかった大震災時に行方不明となった中国人留学生・王希天らの虐殺の真相にはじめて分析のメスを入れたことである。その最初の本格的研究が前出の『歴史の真実関東大震災と朝鮮人虐殺』(一九七五年九月)の中で既述されているが、さらに研究を深めた「大島町事件・王希天事件と日本政府の対応」(藤原彰・松尾尊兊編『論集　現代史』所収、筑摩書房、一九七六年十月)、「関東大震災下の中国人虐殺事件が明らかにされるまで—資料の所在・発掘および調査の経過と二三の問題点」(『湘南国際女子短期大学紀要』創刊号、一九九三年三月)となって発表された。

すでにそれ以前に松岡文平が「関東大震災と在日中国人」（関西大学大学院文学院生協議会編『千里山文学論集』八号、一九七五年十月）、「もう一つの虐殺事件」（大阪歴史学会近代史部会編『近代史研究』十六号、一九二七年十二月）、小川博司の「関東大震災と中国人労働者虐殺事件」（『歴史評論』二八一号特集・関東大震災五〇周年、一九七三年十月）、高梨輝憲の地方史研究協議会での中国人虐殺事件に関する報告『関東大震災体験記』（一九七四年四月）、松岡文平「関東大震災下の中国人虐殺事件について」（大阪歴史学会編『ヒストリア』六五号、一九七四年六月）などがある。

その後、王希天と中国人労働者虐殺事件について、田原洋著『関東大震災と王希天事件』（三一書房、一九八三年八月）、宮武剛著『将軍の遺言』（毎日新聞社、一九八六年四月）、また、現地での精力的な史料調査、生存者の聞きとりなどの貴重な成果である仁木ふみ子の『震災下の中国人虐殺』（青木書店、一九九三年七月）、『関東大震災中国人大虐殺』（岩波書店ブックレット、二一七号、一九九一年九月）等がある。

前述したように、一九九六年八月三十一日から九月八日まで、私たち「王希天生誕百周年訪中団（団長・山住正巳、秘書長・仁木ふみ子）」は、九月三日吉林省長春市郊外につくられた王希天烈士陵墓前で、王希天生誕百周年祭と王希天記念館の開館式に招待された。

翌四日、私は、中日王希天研究学術討論会において「関東大震災史研究の成果と課題」を報告した。この会を記念して『王希天記念文集』『王希天研究文集』『王希天档案史料选編』『写真集』（いずれも長春出版社、一九九六年八月刊、中国文）が刊行された。

内務省や司法省の極秘文書や海軍省軍務局関係文書を調査検討して、この研究の水準をさらに一段と引き上げた研究を発表したのが松尾尊兊の「関東大震災下の朝鮮人虐殺事件」上・下（『思想』一九六三年九月、一九六四年二月）である。松尾は、この論文でとくに流言の発生に検討を加え、これまで斎藤や姜徳相らが共通して指摘していた官憲側から流したという説にたいして、流言拡大の官憲の責任を指摘しつつも、断定するにはなお論証が不足しており、自警団の「狂態」に見られるように、官憲の宣伝に乗せられた民衆の朝鮮人への恐怖感によって自然に発生したものではないかと提唱した。この松尾説は、前掲の姜徳相らに批判されて論争が起こり、さらに松尾の再批判論文「関東大震災下の朝鮮人暴動流言に関する二、三の問題」『朝鮮研究』（一九六四年九、十月）が発表されたが、今日なおも未解決のテーマである。松尾は、前掲の姜徳相・琴秉洞編『関東大震災と朝鮮人』の書評の中で、編者らが流言の発生原因をもっぱら内務省筋の作為に求めていることにたいして、「思うに編者があくまで流言発生官憲作為説を固執するのは、事件の責任は日本帝国主義にあって日本人民にあらずといいたいためではなかろうか。編者の気持ちは充分諒解できるし、私はそれはありがたいものと思う。もし私が編者と同じ立場に置かれれば、おそらく同様の説を唱えたくなることであろう。しかし日本人としては、編者の配慮にあまえることはできない。むしろ日本人民の間に、流言が自ら発生し、また官憲の煽動にのりやすい気分が充満していたということを率直に明らかにし、そのよって来るゆえんを徹底的に究明することこそ、むしろより強く日本帝国主義の罪過を糾弾することになるのではあるまいか」(松尾尊兊著『本倉』みすず書房、一九八二年十二月、一四八ページ。初出は一九六四年二月)と述べている。

私は今日、この論文を読み直してみて、この松尾尊兊の意見に同感である。当然のことではあるが、歴史研究においては、史料批判が必要なことはいうまでもないことではあるが、まず第一に史料にもとづく事実確認の重要性をあらためて痛感させられた。

また、戦後はじめて亀戸事件について二村一夫によって実証的分析のメスが入れられた(「亀戸事件小論」『資料室報』法政大学大原社会問題研究所、一九六八年三月。『歴史評論』一九七三年十月号に同題名で再録された)。二村はこの論文の中で、「九月三日の時点で、少なくとも一般民衆にとって『鮮人襲来』は決して流言蜚語ではなく事実だと考えられていたのではないか。だからこそ自警団が組織され、大勢の朝鮮人が虐殺されたのではなかったか」（六ページ）と、注目すべき見解を述べている。また全虎巌の体験記によると、亀戸署内の死者は五〇～六〇人はあったことをあげて、「これまでのようにこの事件を、平沢、川合ら一〇人の労働者が殺されたことだけに限っては事件の全容は明らかにならない。江東地区は自警団などによる朝鮮人の虐殺が特に多かった地域の一つであり、このことと亀戸事件とは相互に深いつながりがあるのではないか」（一七ページ）と、重要な問題提起をされた。

この二村論文を再録した歴史科学協議会編『歴史評論』の特集・関東大震災五〇周年号には、これまでふれられなかった災害と都市に関する研究が発表され、さらに中国人虐殺についての論文が掲載されている（藤井陽一郎「関東大震災と科学者」、室崎益輝「関東大震災と都市計画」、姜徳相「関東大震災下の『朝鮮人暴動流言』について」、前掲の小川博司「関東大震災と中国人労働者虐殺事件」）。

亀戸事件の犠牲者の一人である平沢計七について、藤田富士男・大和田茂共著『評伝平沢計七』（恒文社、一九九六年七月）が公刊された。一九九六年九月十五日、東京の江東区勤労福祉会館において『関東大震災と亀戸　労働演劇・生協のパイオニア平沢計七を偲ぶ』講演会が開催され、藤田・大和田の報告があり、私も「亀戸事件と現代」と題して記念講演を行った。

また、この事件で虐殺された川合義虎についての唯一の貴重な業績は、加藤文三著『川合義虎　日本共産青年同盟初代委員長の生涯』（新日本出版社、一九八八年）がある。

朝鮮人虐殺事件と亀戸事件にくらべて、当時新聞報道が多く出された大杉（甘粕）事件については、田宮裕の「甘粕事件」がよく整理されている（我妻栄編代表『日本政治裁判史録』大正所収、第一法規出版、一九六九年八月。この巻には小田中聰樹「第一次共産党事件」、許世楷「朴烈事件」、田中時彦「虎ノ門事件」、田宮裕「福田大将狙撃事件」が収録されている）。

上掲『陸軍関係史料』に収録した陸軍省新聞班『世論概観』に甘粕事件についての当時の新聞記事が掲載されている（読売・九月二十九日、東京朝日・九月三十日、時事・十月二十八日、「『日日』（東京日日―松尾注）ニ誨ス」の中に、「『グズぐ〵言ふと、アマカスぞ』という流行語が生れた」とある。薩哈嗹《さがれん》時報・十月二十一日）。

五十周年の成果

一九七〇年代の特筆すべき研究は、私も参加した関東大震災五十周年朝鮮人犠牲者追悼行事実行委員会・調査会著（代表・高橋磌一・歴史教育者協議会委員長）『歴史の真実　関東大震災と朝鮮人虐殺』（現代史出版会、一九七五年九月。犠牲者一人ひとりが明らかにされるまで〔高橋磌一〕、真の日朝連帯をめざして〔渡辺佐平・日朝協会会長〕、第一部　大震災と朝鮮人虐殺の真因の究明〔今井清一・斎藤秀夫〕、第二部　関東大震災における朝鮮人虐殺事件の歴史的背景〔犬丸義一〕、第三部　朝鮮人虐殺の歴史資料〔松尾章一・鬼頭忠和〕、第四部　大震災テロを描いた文芸作品〔中村新太郎〕である。本書についてどうしてもふれておかなければならないことがある。本書が出版された直後、収録した史料の取り扱い方とその解説にたいして朴慶植からきびしい批判がよせられた。これをめぐって調査委員会の代表者であった高橋磌一と犬丸、鬼頭、松尾の三名は、朴慶植と李《り》進《じん》熙《ひ》との会合を何度も重ねた結果、私たちは非をみとめて、解説文の一部を書き替え訂正版を出すことで決着した。この事件は、私たちにとって、史料の取り扱い方の難しさをあらためて教えられた貴重な体験であった。

今後の歴史研究上の課題

まず第一に、さらに新しい史料の発掘と地域史研究と叙述を活発に行うことであろう。そのために大学の卒業論文などで、若い研究者が出ることを期待したい。私が管見したなかで、たとえば桜井優子・五島智子共著『関東大震災の禍根——茨城・千葉の朝鮮人虐殺事件——』〔筑波書林、一九八〇年五月〕は貴重な成果である。関東大震災七十周年記念集会の報告者であった岡本真希子の第三分科会報告（「横浜における朝鮮人について」前掲書『この歴史永遠に忘れず』所収）は、大学の卒論をさらに大学院で研究を進展させた研究成果である。

関東大震災について、地域史の立場からの新しい研究成果としては、『神奈川県史』通史編五、近代・現代(二)（神奈川県、一九八二年三月）所収の金原左門「関東大震災と県民・県政」を特筆しておきたい。

第二に、韓国・朝鮮人遺族や研究者との交流を通じての新たな成果が出ることを期待したい。この成果として、前掲の田原洋著『関東大震災と王希天事件　もうひとつの虐殺秘史』（三一書房、一九八二年八月）、仁木ふみ子著『震災下の中国人虐殺　中国人労働者と王希天はなぜ殺されたか』（青木書店、一九九三年七月）、『関東大震災中国人大虐殺』（岩波ブックレット、一九九一年九月）、関東大震災に虐殺された朝鮮人の遺骨を発掘し追悼する会編『風よ　鳳仙花をはこべ』（教育史料出版会、一九九二年七月）などは貴重な研究業績である。

主要参考文献と史料探索ガイド

本書で参照した文献は、それぞれ文中に挙げておいたが、とくに主要な参考文献と、これから関東大震災の研究をはじめる人々に向けての初歩的な史料探索の場所などを紹介しておく。

私が一九七〇年代にこの研究に着手した頃とはまったくちがって、今日では質量ともに多くのすぐれた史料集や参考文献が出版されている。

関東大震災の全体については、新聞資料ライブラリー監修・シリーズその日の新聞『関東大震災　激震・関東大震災の日』全二巻（大空社、一九九二年八月）、『大正ニュース事典』第六巻（毎日コミュニケーションズ、一九八八年九月）、『新聞集録大正史』第十一巻（大正出版、一九七八年六月）が、当時の新聞記事が収録されていて便利である。また震災直後に出た東京市役所編『東京震災録』前・中・後・別輯全四巻（東京市、一九二六年刊）も史料集として役に立つ。

戦後の史料集としては、本書でしばしば引用した私が監修者として出版した『関東大震災政府陸海軍関係史料』全三巻（第Ｉ巻・平形千恵子、大竹米子編『政府・戒厳令関係史料』〔この巻の巻頭に私は全巻解題「関東大震災史研究の成果と課題」および、この巻の解題を平形と松尾章一との連名で書いて収録した。あえて読者のために付言しておくが、本巻史料集の最終校正段階になって、私の全巻解題が印刷所の事故などで大幅な誤植が発見されたために、急遽訂正版を別刷にして印刷し購読者にお詫びとして配布するという、私の永年の出版経験でははじめての対応をせざるをえなかったことを付記しておく〕、第Ⅱ巻・田崎公司、坂本昇編・解題『陸軍関係史料』、第Ⅲ巻・田中正敬、逢坂英明編・解題『海軍関係史料』、日本経済評論社、一九九七年二月刊）を挙げさせてもらう。関東大震災七十周年記念行事実行委員会の貴重な共同成果でもあるからである。この他には、戦後最初の史料集として、私たちが多大の恩恵をうけてきた姜徳相・琴秉洞編『関東大震災と朝鮮人』（みすず書房、一九六三年刊、現代史資料６）が現在もなお必読の史料集である。あえて付言すれば、この史料集に収録されている原史料の所在が明記されておれば、研究者にとってもっと便利であったであろう。また原史料の解読による誤字・脱字がみられることも惜しまれる。この史料集の共同編者の労作である琴秉洞編・解説『関東大震災朝鮮人虐殺問題関係史料』全四巻（緑蔭書房、一九九六年刊）が刊行されている。惜しむらくは、活字に直さずに原史料のままの写真印刷なのでやや判読しずらい難点がある。

基本的文献をごくしぼって紹介すると、古典的な名著として評判の高い姜徳相著『関東大震災』（中公新書、一九七五年十一月刊）があるが、現在は絶版となっていて、入手が困難である。ぜひ新版の公刊を著者に切望してやまない。ついで私たちが関係したつぎの二冊をあげておく。関東大震災五十周年朝鮮人犠牲者追悼行事実行委員会編『歴史の真実　関東大震災と朝鮮人虐殺』（現代史出版会、一九七五年九月、絶版）と関東大震災七〇周年記念行事実行委員会編『この歴史永遠に忘れず　関東大震災七〇周年記念集会の記録』（日本経済評論社、一九九四年一月刊）の、いずれとも入手が困難で古書店で探す以外にはないであろう。

地域に根づいたすぐれた掘り起こし運動の成果としては、千葉県における関東大震災と朝鮮人犠牲者追悼・調査実行委員会編『いわれなく殺された人びと　関東大震災と朝鮮人』（青木書店、一九九一年一月刊）と関東大震災時に虐殺された朝鮮人の遺骨を発掘し追悼する会編『風よ　鳳仙花の歌をはこべ』（教育史料出版会、一九九二年七月刊）をあげておきたい。

朝鮮人虐殺事件をとりあげた研究書は多く出版されている中で、中国人虐殺事件（留学生王希天謀殺事件も含めて）の研究書がきわめて少ないなかでの貴重な研究書として、中国での現地調査ともっとも虐殺者の多く出た地域である大島町に居住して史料を蒐集しての精緻な研究書である仁木ふみ子著『震災下の中国人虐殺　中国人労働者と王希天はなぜ殺されたか』（青木書店、一九九三年七月刊）とコンパクトな同氏著『関東大震災　中国人大虐殺』（岩波書店、ブックレット二一七号、一九九一年九月刊）をあげておく。

日本人による虐殺事件をとりあげた研究書はまだきわめて少ないが、その中での貴重な成果としての加藤文三著『亀戸事件　隠された権力犯罪』（大月書店、一九九一年一月刊）と同氏著の『河合義虎』（新日本出版社、一九八八年刊）、藤田富士男・大和田茂著『評伝平澤計七　亀戸事件で犠牲となった労働演劇・生協・労金の先駆者』（恒文社、一九九六年七月刊）がある。

七十周年以後に出版された研究書のなかで特筆すべきは、原田勝正・塩崎文雄著『東京・関東大震災前後』（日本経済評論社、一九九七年二月刊）と波多野勝・飯森明子著『関東大震災と日米外交』（草思社、二〇〇〇年八月刊）の二冊をあげておく。いずれもこれまでの未開拓な分野にとりくんだ労作であるからである。

最後に、これから原史料を新しく発見したいと思っている人々にたいして、東京にある図書館を紹介しておきたい。これらは私が訪れたところにかぎり、この他に、外務省の外交史料館など貴重な史料を保存している図書館があるがここでは省略する。

まずどうしても足を運んでほしい図書館は、国立公文書館（地下鉄竹橋下車・北の丸公園）である。政府が作成した『公文類聚』（大正十二年）など貴重な根本史料が多い。この中からごく一部を私たちの第Ⅰ巻『政府・戒厳令関係史料』に収録した。

つぎに東京都公文書館（JR浜松町駅下車）には、戦災を免れて残った貴重な『陸軍震災史料』をはじめ多くの史料を収蔵しているが、私たちが閲覧していた時にはすでに破損がひどいため、マイクロフィルム閲覧で複写も不便であった。これらの中でごく一部を大変苦労して私たちの第Ⅱ巻『陸軍関係史料』に採録した。その後に同館所蔵関東大震災関係史料目録『関東大震災と情報』（同館編、東京都政策報道室都民の声部情報公開課発行、一九九七年一月刊）が出版されているので、これを参照して検索されるのが便利である。軍部の震災関係史料の宝庫は、なんといっても防衛研究所図書館（ＪＲ恵比寿駅下車）である。私たちにとっては、とくに海軍史料が有益で、そのごく一部を第Ⅲ巻『海軍関係史料』に収録した。上掲三図書館とも所蔵の原史料は、ほとんどが年数が経過しているうえに、達筆のくずした細い文字で書かれているので、解読・判断が大変困難なことが難点である。歴史研究者は、現代史の分野であっても史料文書解読の力量をもつことの重要性をあらためて痛感させられた。

なお倉林義正編『関東大震災（一九二三）関連主要文献目録（その一～四）』（一橋大学経済研究所、一九八二年刊）と東京都公立図書館郷土資料研究会編『関東大震災に関する資料所在目録（昭和五十八年十一月現在）』（同会、昭和五十八年度東京都公立図書館職員研究大会第一部会、一九八四年刊）が出版されていることを付記しておく。いずれも大変に貴重な労作である。

あとがき

私は、「プロローグ」で述べたように本年（二〇〇三）九月一日の関東大震災八十周年にむけて、七十周年にひきつづき実行委員長として準備にあたっている。昨年の七十九周年目の九月一日には、東京都墨田区横網町（朝鮮人虐殺事件がとくに多かった地域）の公園内に建立されている朝鮮人犠牲者追悼碑の前での追悼式典で挨拶をした後、午後には、八十周年実行委員会主催の第一回学習会の講師として『関東大震災80周年の意義と課題』と題して報告を行った。この報告の中で、昨年（二〇〇二）八月十五日の「終戦の日」（私は「敗戦の日」と言うべきだと思っている）の主要な一般紙の社説をつぎのように紹介した。

最大の読者数をもつ『読売新聞』は、「歴史をすなおに見直したい」という見出しである。この内容を要約すると、①は「終戦の日」は国際法上は講和条約発効の日から数えるべきで、今年は五十周年に当たる。一九四七年五月三日に日本国憲法が施行された後も、

ＧＨＱの言論・出版・集会・結社の自由が厳しく検閲されていたので、その意味では今年こそが実質的な憲法施行五十周年に当たる。第二次世界大戦で日本はアジア「諸国」を侵略したわけではない。大戦突入以前からの日中戦争継続局面を除けば、日本は「欧米諸国（米英蘭）の領土」に「侵攻」した戦争である。②は「東京裁判の再点検を」として、日本とドイツを同列に並べるというのは間違いであろう。日本の戦争行動にも、さまざまな蛮行を伴ったが、特定民族を絶滅しようと図ったことはない。ドイツの「人道に対する罪」とは根本的に異なる。③は「平和を祈る戦没者追悼」として、「東京裁判史観」にとらわれている人たちは〝日本一国性悪説〟的な自虐史観に陥ってしまっているとして、「従軍慰安婦」問題を例にあげる。最後の④では、「二十一世紀に入ってから、日本の国家としてのアイデンティティーをめぐる論議が活発になっている。その論議のためにも、アジアにおける近代史の実態、そうした時代環境を踏まえた上での日本の近・現代史、さらには戦後史を虚心に洗い直してみることが必要だろう（中略）。戦没者追悼の祈りは、それを再確認することに意義がある」と結んでいる。

『東京新聞』の社説は、「靖国の対立を超えて」と見出しをかかげ、靖国神社の遊就館を見学した人びとの感想を記した記帳簿のなかから、とくに「日本のため犠牲になった人たちに感謝します」（十二歳男の子）、「あの時代に生きていたら私も戦争を支持していたでしょう。集団は恐ろしい、恐ろしい」（女子高生）をとりあげて、「男の子らの純な反応に、実は靖国問題の出発点を垣間見る思いがするのです」と書いている。最後に「互いの立場に寛容を」の見出しのなかで、「新しい革袋をこそと思う人は、自分たちの納得する記念碑に向けて知恵を絞るべきでしょう。ただし『未来の戦死者を迎えるため』という戦争想定だけはいただけない。女子高生の『集団は恐ろしい』のひと言には、現代の恐怖にも通ずる不気味さが潜んでいます。『先人に感謝』の気持ちをしるした十二歳男の子。このの ち歴史を深く学んで、素直な感謝がしたたかな不戦の誓いへと脱皮、成長していくよう信じたいものです」と結んでいる。私はこの『東京新聞』の最後の結びに共感した。

『読売新聞』の社説は、西尾幹二氏らの歴史修正主義者の歴史観と同様である。このような歴史観が流行している背景は、現在の学校教育のなかで日本国憲法をほとんど教わらないばかりか、真実の正しい歴史を学ばされていない戦後生まれの多くの若者たちの歴史知識の無知と歴史認識が非常に歪められていることに原因がある。日本近代天皇制国家が強行した侵略戦争の歴史は風化しつつあると言っても過言ではない。残念ながら、今日の日本人の多くが、自己の利益と保身のことだけしか考えずに、他人の不幸や苦しみを理解する気持ちを失ってしまっているからではないだろうか。

『日本経済新聞』の社説は、「『敗戦』から何も学び取らなかった国の悲劇」という見出しをかかげて、「歴史が重要な意味を持つのは、過去から何かを学び取り、これから起こる、またいま起こりつつある諸問題に取り組もうとするときだ」「戦争について考えることは、国内的には左右両陣営の不毛の論争に火をつけるだけであり、外交的にはアジアの隣国から『誤った歴史観』として非難を浴びる余地を生み出すだけだった。真正面から歴史と向かい合うことをせず、過去から何も教訓として得ることなくきた。したがって、日本はいまもまた同じような過ちを繰り返している。太平洋戦争敗戦に至る過程と、今日の日本が『第二の敗戦』とも言うべき衰退の道をたどっている経緯を比較分析すると驚くほど似ている」と書いている。この社説氏の指摘は、最近出版された永野護著『敗戦真相記』の読後感から書かれたものである。本書の内容はともかくとして、私自身も上述したような憂慮すべき状況に至った原因を解明するためにも、戦後史の学習、とくにGHQの占領期研究の重要性をとくに強調しておきたい。

以上紹介したように、昨年（二〇〇二）八月十五日の社説は、いずれも歴史認識の重要性を指摘していたことが特徴であった。

私は二〇〇一年三月末日まで、四〇年にわたって法政大学で主として一般教育科目『日本史』を担当して、多くの学生諸君に接してきた。その中で『日本近・現代史』の講義を通して、「プロローグ」で指摘したような日本人のアジア民族にたいする差別・蔑視意識や戦争責任の欠如などの歴史認識をすこしでも克服したいという意図をもって微力ながら努力してきた。このような私の大学の授業の中で、この関東大震災時の朝鮮人・中国人虐殺事件については、『関東大震災の中国人虐殺――謝罪と償いの旅――』（企画・製作、関東大震災の時殺された中国人労働者を悼む会、製作協力、日本電波ニュース、二八分）などのビデオを上映するなどの授業を毎年続けてきた。そして毎回、出席した学生たちに感想文を書かせた。

私は法政大学在職時代に、大学付設の通信教育部の夏・冬期のスクーリングも積極的に引きうけた。一九九三年八月に『関東大震災七十周年がよびかけるもの』というテーマで、毎時間三〇〇名以上の受講者のあった大教室で真夏の一週間（一回一八〇分授業）連続講義を行ったことがある。この最終日の受講生二五八名に書いてもらった感想文の中から、一女子学生の感想を紹介しておこう。

私は高校を出ていません。いわゆる「バイパス族」（大検予備校生だった）です。それで、「高校教育」としての歴史にほとんどふれていませんでした。今日、松尾先生の講義に出てよかったと思ったことは、そうした「受験のための」歴史ではなく、ナマの歴史にふれたことでした。大震災時に「韓国・朝鮮人が大勢殺された」ことは知識として知っていましたが、実に六〇〇〇人以上の人々が虐殺されたことは全く知りませんでした。その六〇〇〇～七〇〇〇人という数には、大変驚きかつ動ようしました。そんなにたくさん（小学校五～六コ分の生徒全員が殺されるところを想像してしまいました）の人々が、民衆、つまり我々の手によって殺された。まったく、にわかに信じられません。実に非情で、ゆるされるべきではない犯罪であるように思われます。「なんで、みんなへーキな顔してそのことを忘れようとしているんだよおゝっ！」って感じです。母に「今ね、関東大震災について勉強してるんだよ」と言ったところ、返ってきた返事は「あら、そう。ヘンな学校」でした。やっぱり、母も知らないんです。よくない。一概に「差別」でくくってしまうのではなく、その奥にある日本人の集団心理や軍のおもわくなどが見えかくれて、実に興味深い一週間でした。私も、もう少し自分なりに調べてみようかな――と思っています（原文のまま）。

この年（一九九三）の九月一日の新聞社説の中で、ただ一紙だけ（『朝日新聞』）が、「防災と外国人の問題を考えるとき、七十年前の震災時の、あのいまわしい歴史が思い起される。戒厳令下の各地で『朝鮮人が放火し、井戸に毒を投げ入れた』などのデマが広がり、在日朝鮮人が軍や自警団などに殺害された。犠牲者は約六千人にのぼると推定されている。中国人労働者も二百（ママ）人近くが殺されたとされ、本国から調査団がやってくるなど外交問題に発展した。大震災は在日のアジアの人々にとっては『人災』そのものであった」と「防災を『弱者』の目の高さで」と題した社説を掲載していた。これまで私は、毎年八月十五日と九月一日の一般新聞の全部を駅の売店まで朝出かけて買いもとめて読んできたが、このようにはっきりと書いた社説を読んだのははじめてであった。七十九周年に当る昨年（二〇〇二）の社説には、『朝日新聞』の社説が、「防災の日」は関東大震災からとられたものであると説明しているだけで、他のすべての新聞の社説には「関東大震災」という字句さえ出ていなかった。今日の歪んだマス・メディアの反映であろう。

　高校日本史教科書の中でも、最も採択率の高いといわれている山川出版社刊『高校日本史』の関東大震災の記述には、朝鮮人・中国人虐殺事件・亀戸事件・大杉（甘粕）事件はまったくみられない。このような『高校日本史』で歴史教育を受けてきた生徒たちが、右に紹介した法政大学通信教育部女子学生の母親のような大人となっているのが、今日の日本人のほとんどではないだろうか。昼間部の大学生の感想文からも、関東大震災のことは知っていても、朝鮮人・中国人大虐殺事件についてはまったく知識としてもっていないことを、私の四〇年にわたる授業の経験から断言できる。それはアジア太平洋戦争における軍「慰安婦」・強制連行労働などの「奴隷労働」にささえられた日本の戦争犯罪行為の歴史の無知についても、まったく同様である。

本書のプロローグでも述べたように、小泉内閣は、ブッシュ米政権の国連憲章と国際法を無視したイラク侵略戦争にいちはやく賛同・盲従しただけでなく、「戦争終結宣言」(五月一日)後も『イラク復興支援特別措置法案』の国会審議(二〇〇三年六月二十四日開始)に見られるように、日本国憲法で認められていない集団的自衛権の行使にまでふみきろうとしている。私は9・11以後の日本政府の動きを見るにつけ、アメリカが行ったベトナム戦争にたいして、世界各国の中でも異様に突出した日本の協力ぶりを想起する。アメリカも日本も、ベトナム戦争の教訓から何も学んでいないことが、今回のイラク戦争で明瞭である。本書で私がしばしば指摘してきたように、関東大震災を画期として、日本はアジア侵略戦争を遂行するための国家総動員体制づくりが開始された。そして八十年後の今日、有事法制を成立させて「新たな国家総動員体制」の確立と日本国憲法では認められていない「戒厳令体制」の法的整備も着々とすすめられている。このような危険な状況をみるにつけても、八十年前の朝鮮人・中国人虐殺事件がふたたび起らないとは断言できない。私たちは、ぜったいにこのような暗黒の時代の再現を許してはならない。

本書は、この小著の中でしばしば引用した『関東大震災政府陸海軍関係史料』全三巻を刊行した直後に、吉川弘文館編集第一部の上野純一氏からのご依頼があって、よろこんでお引き受けしたものである。その間に何度かの督促をいただきながらも、私の非力から六年が経過してしまったことを、心からお詫び申し上げたい。その後、上野氏に代って本書の製作を担当された永田伸氏にもお世話をおかけしてやっと誕生した。

本書が、関東大震災八十周年に向けてのさらなる研究と二度とふたたびこのような悲劇をくりかえさないための運動に、いささかでも寄与することになれば望外の幸である。

二〇〇三年六月・関東大震災八十周年を迎えるにあたって

松　尾　章　一

著者紹介

一九三〇年、朝鮮京城府に生まれる
一九六二年、法政大学大学院博士課程単位修得
一九七一年、文学博士（法政大学）
現在、法政大学名誉教授

主要著書
増補・改訂自由民権思想の研究　近代天皇制国家と民衆・アジア　中国人戦争被害者と戦後補償〈編〉　社会文庫叢書〈編〉　大阪事件関係資料集〈編〉　関東大震災・政府陸海軍関係史料〈編〉

歴史文化ライブラリー
162

関東大震災と戒厳令

二〇〇三年（平成十五）九月一日　第一刷発行

著　者　松《まつ》尾《お》章《しょう》一《いち》
発行者　林　英　男
発行所　株式会社　吉川弘文館
東京都文京区本郷七丁目二番八号
郵便番号一一三―〇〇三三
電話〇三―三八一三―九一五一〈代表〉
振替口座〇〇一〇〇―五―二四四

印刷＝平文社　製本＝ナショナル製本
装幀＝山崎　登

歴史文化ライブラリー

1996.10

刊行のことば

現今の日本および国際社会は、さまざまな面で大変動の時代を迎えておりますが、近づきつつある二十一世紀は人類史の到達点として、物質的な繁栄のみならず文化や自然・社会環境を謳歌できる平和な社会でなければなりません。しかしながら高度成長・技術革新にともなう急激な変貌は「自己本位な刹那主義」の風潮を生みだし、先人が築いてきた歴史や文化に学ぶ余裕もなく、いまだ明るい人類の将来が展望できていないようにも見えます。このような状況を踏まえ、よりよい二十一世紀社会を築くために、人類誕生から現在に至る「人類の遺産・教訓」としてのあらゆる分野の歴史と文化を「歴史文化ライブラリー」として刊行することといたしました。

小社は、安政四年(一八五七)の創業以来、一貫して歴史学を中心とした専門出版社として書籍を刊行しつづけてまいりました。その経験を生かし、学問成果にもとづいた本叢書を刊行し社会的要請に応えて行きたいと考えております。

現代は、マスメディアが発達した高度情報化社会といわれますが、私どもはあくまでも活字を主体とした出版こそ、ものの本質を考える基礎と信じ、本叢書をとおして社会に訴えてまいりたいと思います。これから生まれでる一冊一冊が、それぞれの読者を知的冒険の旅へと誘い、希望に満ちた人類の未来を構築する糧となれば幸いです。

吉川弘文館

〈オンデマンド版〉
関東大震災と戒厳令

On Demand
歴史文化ライブラリー
162

2019年（令和元）9月1日　発行

著　者　松《まつ》 尾《お》 章《しょう》 一《いち》

発行者　吉 川 道 郎

発行所　株式会社　吉川弘文館
〒113-0033　東京都文京区本郷7丁目2番8号
TEL　03-3813-9151〈代表〉
URL　http://www.yoshikawa-k.co.jp/

印刷・製本　大日本印刷株式会社

装　幀　清水良洋・宮崎萌美

松尾章一（1930〜）

ISBN978-4-642-75562-7